保育が織りなす
豊かな世界

―震災を経て生きる・遊ぶ・育ち合う―

天野珠路

ひかりのくに

はじめに

　保育園、幼稚園などで繰り広げられる子どもたちの遊びはたいへん魅力的です。

　手を動かし、体を動かし、頭も心も動かして遊ぶ子どもの姿は、人が人として育つエネルギーに満ちています。大好きな遊具で飽きることなく遊んだり、友達と身の丈より大きなものを作り上げたり、園庭でおにごっこや砂遊びをしたり、子どもの遊びは実にさまざまです。友達といっしょに楽しく遊び、満足感や達成感を味わい、時には悔しい思いもしながら、子どもたちは確実に成長していきます。

　そんな子どもたちの姿に魅せられ、20年ほど保育者として働いてきました。その間、数えきれないほどのエピソードがあり、子どもや同僚の保育者、保護者の方々との心温まるやりとりがあり、ほろ苦い思いをしたことも含め、すべてがかけがえのない私の財産となっています。

　そんな保育者時代の保育実践を素地にした文章を、2009年4月より、ひかりのくに『月刊保育とカリキュラム』に掲載させていただいています。また、その後の仕事の中で出会った保育現場のようすや保育者との交流を文章に織り込ませていただきました。子どもを真ん中にして話をし、子どもの成長を実感する喜びを多くの保育者と共有できたことはと

てもうれしいことです。

　さて、連載中の2011年３月11日に東日本大震災が発生し、想像を絶する甚大な被害をもたらしました。本書の第Ⅱ部では、子どもたちを守り抜いた保育者のようすや震災を受けての園の取り組みなどについて記しています。子どもたちの楽しい遊びや園生活のあれこれを紹介するこの連載で、恐ろしい地震や津波に見舞われ、命がけの避難をした子どもと保育者の姿を書くことになるとは思いもよりませんでした。けれど、子どもの命を守り、その成長を支えることは保育の基本であり、被災地の保育者の姿に保育の原点を見る思いがしたものです。また、厳しい状況の中で、子どもの保育と子育て支援を担う保育者の専門性についてあらためて考えることにもなりました。

　どうか被災地の復旧・復興が進み、子どもたちのすこやかな成長が地域の光となるよう心から願っています。

　本書が、保育者をはじめ子どもにかかわる皆さんの「微笑み」に少しでもつながれば、これ以上の喜びはありません。

天野珠路

保育が織りなす豊かな世界　●目次

はじめに ……… 2

第Ⅰ章　保育の歳時記 ……………………………… 7

つなぐ・つなげる・つながる喜び ……… 8

Ｊちゃんのパパが園長に ……… 11

『ちょちちょちアワワ』と『チャチャクンチャチャクン』……… 14

子どもの歩みに寄り添って ……… 17

食べる・味わう・分かち合う ……… 20

園庭で作られたとびきりのプレゼント ……… 23

大きなものを作りたい ……… 26

保育を通して広がる「世界」……… 29

尽きないおイモの魅力 ……… 32

文化を受け継ぐお正月遊び ……… 35

冬の楽しみ・温かさ ……… 38

新しい春に子どもの育ちを受け渡す ……… 41

第Ⅱ章 震災を生きる子どもと保育者 ……… 45

東日本大震災と保育園 ―子どもたちを守り抜いた保育士たち―
……… 46

どうかお守りください ……… 59

命がけの避難 ……… 62

子どもたちを守り支えるために ……… 65

福島の保育者そして子どもたち ……… 68

障がいのある子どもたちのために ……… 71

子どもの心のケアと保育者 ……… 74

いのちをまもる・いのちをつなぐ ―震災にまつわる保育の記録―
……… 77

第Ⅲ章 保育を紡ぎ出す喜び ……… 81

遊びをせんとや生まれけむ ……… 82

1冊の絵本から ……… 85

尽きることのない楽しさ　—遊びの玉手箱—　……… 88

乳児保育の喜び　—満面の笑顔とすこやかな成長のために—　……… 91

鬼さんこちら、手の鳴るほうへ　……… 94

積み木は遊具の王様　……… 97

豊かな言語感覚を養うために　……… 100

振り返る楽しみ　—新たな保育を紡ぎ出す自己評価—　……… 103

紡ぐ・織る・織りなす　—緩やかな保育の時間—　……… 106

おわりに　……… 110

STAFF　装丁・本文レイアウト／曽我部尚之
編集／安藤憲志　校正／堀田浩之

第Ⅰ章 保育の歳時記

つなぐ・つなげる・つながる喜び

＊

「子はかすがい」という諺をご存知ですか？

かすがいとは「鎹」という木材と木材をつなぐ金具のことで、この諺は、子どもの存在が夫婦をつなぎとめるというような意味ですね。

保育園や幼稚園において、保育者は子どもと保護者をつなげる、あるいは子ども同士を結び付ける「かすがい」なのではないでしょうか。人と人とのつながりを大切にし、子どもと保護者の親子関係や子ども同士の友達関係がより豊かなものとなるよう、みなさんは心を砕き、さまざまな保育の工夫や実践を積み重ねていることでしょう。

例えば乳児保育の場面で、保育士は、乳児の心の声を聴き、存在そのものを受容しながら心地良い環境を用意し、子どもの成長を見守ります。それとともに保護者の気持ちを受け止め、理解し、親としての成長を助けます。

子どもの成長にかかわるさまざまな喜びや驚きを伝え合いながら、保護者との信頼関係が築かれることにより、親子の結び付きも強まっていくことでしょう。

みなさんは、友達とのかかわりの中で、うまく気持ちを伝えられなかったり、思う存分遊べていない子どものようすに気づいたりしたとき、どうしますか。すぐに駆け寄り、「ど

うしたの？」と優しく聴いたり、その子どもの好きな遊びに誘ったりすることもあるでしょう。友達との遊びが繰り広げられるごっこ遊びの環境づくりや共同製作の環境を整えたり、グループ活動を取り入れたりすることもあるでしょう。子どもの気持ちに寄り添いながら、子どもみずからが友達とかかわり、ともに遊ぶ楽しさを味わえるよう、時には黒子になり、鎹になり、子ども同士のかかわりを助けることが必要ですね。

　保育者を志し、保育者となられたみなさんは、きっとこれまでの経験の中で、子どものおもしろさや底抜けの明るさや感性の豊かさに魅了され、そのエネルギーや生命力に自分が支えられていると感じたことがたびたびあったことでしょう。

　弱き者、保護されるべき乳幼児が逆に私たち大人に「与えて」くれる、「こたえて」くれるものがたくさんありますね。保育者が子どもと保護者や子ども同士をつなげるだけでなく子どもが保育者と保護者をつなげたり、保育者と保育者をつないだりすることがあるのです。

　保育の場では、こうした人と人とのかかわりがいつも豊かに織り成され、子どもは人として育っていきます。人への信頼感や人とかかわるちからは乳幼児期にまず培われます。また、生涯にわたる親子関係の基盤も乳幼児期につくられると

いえるでしょう。保育者の役割は重要です。
　この章では、子ども、保育者、保護者などが相互にかかわり、楽しく繰り広げられる保育の世界のちょっといい話、おもしろい話、心温まるエピソードをお伝えしていきます。つながる喜びをみなさんと共有できることを願って！

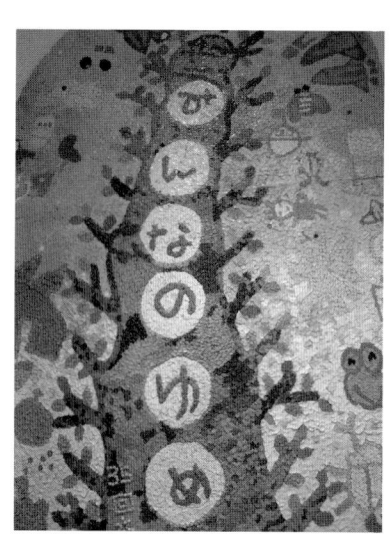

Ｊちゃんのパパが園長に

＊

　2008年度、2009年度と、厚生労働省の保育指導専門官として、新しくなった保育所保育指針を伝えるため、全国各地を回りました。時には、保育士時代の同僚の顔を見つけ、ほっとしたり、保育士養成校で教えていたときの教え子が参加していたり（大きく手を振ってくれたり）、大先輩の園長先生が見守ってくださることもありました。新たな出会いも数々あり、保育や子どもについてさまざまに語り合ったり、保育現場のエネルギーを頼もしく感じたりしました。

　さて、その日も、保育指針の研修会で200人ほどの保育士や園長先生を前にお話ししていたのですが、最前列に座っている男性が研修の間中、私の顔を見てニコニコ微笑んでいることに気づきました。眉間にしわを寄せて真剣に聴き入ったり、頻繁にメモをとりながら聴いてくださる方が多い中、にこやかに微笑むその方の柔らかな雰囲気は独特でした。

「見覚えがあるような気がするけれど、どなただろう？」

　でも、その方だけをじっと見つめるわけにはいかず、会場の後部座席のほうに目をやりながら話を進め、講演後の質疑応答も無事終えて、舞台そでに引っ込もうとしたそのときです。

「アマノせんせ〜い！」

あのニコニコ顔の男性がさらに満面の笑みを浮かべ、私に駆け寄って来ました。その声を聴き、その姿を見て、私はすぐに思い出しました。
「Ｊちゃんのお父さんじゃないの！　お久しぶりです。でもなんでここに？」
　そう、その方は私が保育園で担任をしたときの保護者、Ｊちゃんのパパだったのです。もう十数年前のこと、思いがけない再会です。
「いやぁ、うれしいなあ。天野先生に会えて！　保育園ではホントにお世話になりました。Ｊも今年大学生になりましたよ。天野先生のこと忘れていませんよ」
「あぁもうそんなにたつのね。Ｊ君、立派になったでしょう。会いたいなあ……。で、なぜお父さんがここにいらっしゃるの？」
「だから、ボク、保育園の園長になったんです。新米園長です」
「え～！　Ｊ君のパパが園長先生？　ど、ど、どうしてそんなことに……」
「保育園っておもしろいな。保育って大事だな。自分も保育にかかわりたいな。そんなふうに思って決断したんです。天野先生も楽しそうに保育しておられたし……」
　驚きました。お父さんはそれまでのお仕事を辞めて、保育

所を運営する法人に再就職され、ごく最近、職員から園長になられたということでした。保育の道を選ばれたお父さんが保育指針について学び、よき園長になろうと努力されているその姿に感動を覚えるとともに、知らずにまいていた保育の「種」に気づかされました。保育園や保育士の存在は子どもだけでなく、その保護者にも影響を及ぼすのです。そして、すいぶん後になってから芽が出ることもあるようです。

『ちょちちょちアワワ』と『チャチャクンチャチャクン』

*

　みなさんの保育園にも、外国籍の子どもがきっといらっしゃることでしょう。私も、園で、中国、韓国、ベトナム、カンボジア、フィリピン、ブラジル、イギリスなどの国籍を持つ子どもと出会い、文字どおり多文化共生の保育を楽しみました。もちろん、保護者の方と十分に言葉が通じなくて、身振り手振り辞書片手に必死になったり、宗教や生活習慣の違いにとまどいを覚えたりすることもありました。例えば、食事の際、決して器を持ち上げない、頭には魂が宿るのでなでたり触ったりしないなど、こちらが意識して気をつけなければならないこともありました。

　けれど、さまざまな国の言葉や文化などにふれて発見や驚きがあったり、どこの国であっても子を思う親の気持ちは変わらないとあらためて確認したり、外国籍の子どもと日本人の子どもがすぐに仲よくなっていく姿に、子どもってインターナショナルだなあと感心したり、多文化共生の保育は保育者をひと回り大きくさせてくれるようです。

　世界中でうたわれている歌などを保育者たちで探したり、保護者の方に教えていただき、日本語だけでなく、外国語（原語）の歌詞も覚えました。フィリピン民謡の『レロンレ

ロンシンタ』、イギリス童謡の『ロンドン橋落ちた』などはさまざまな国で歌い継がれていますが、子どもたちもすぐに覚えて英語や日本語で歌います。また、保護者の方もいっしょに歌い、振りを付けて楽しんだりしました。

　さて、乳児クラスの受け持ちのときです。0歳児と1歳児の子ども数人で、顔を見合わせながらみんなの好きな『ちょちちょちアワワ』を楽しんでいました。「かいぐりかいぐりとっとのめ〜」と続く乳児向けの手遊びですね。そこに韓国籍のMちゃんのお母さんがお迎えに来られ、私と子どものようすをじっと見つめ、こう言われたのです。
「あらぁそれチャチャクンとよく似てる！」
「韓国にも『ちょちちょちアワワ』あるんですね。お母さん、やってみてください！」
　子どもたちがMちゃんのお母さんのほうを凝視します。Mちゃんはちょっと得意げにお母さんに寄り添います。
「チャチャクンチャチャクン／ドリドリ／ジャムジャム／コンジコンジ〜」
　子どもも保育者たちもMちゃん親子の動きをまねて、意味はわからないけど歌い始めます。「チャチャクンチャチャクン」は「ちょちちょち」と同じで両手をたたき、「コンジコンジ」は「トットのめ」と同じように手のひらにひとさし指を二度当てます。

「ほんと、似てるわ！」「すぐ覚えられるねえ」

その後、Mちゃんのお母さんがお迎えに来ると子どもたちはさっと駆け寄り「やって」と手を差し伸べていっしょに歌ったり、頭を動かすところもじょうずになりました。

Mちゃんのお父さんにも、いろいろなことを教えてもらいました。その中で印象的だったのは、韓国では、七夕の日、カササギたちが羽を広げ連なって天の川に橋を架けるというお話です。

「天野先生、彦星（牽牛）はカササギの橋を渡り、織姫に会いに行くのです。だから、日本のように天の川にこぎ出す船はいらないのですよ」

カササギという鳥を見たことはないのですが、その美しい光景が目に浮かぶようでした。ところ変われば、七夕もさまざま。多文化共生の保育の中で、こうした伝説や民話を探ってみるのもおもしろいですね。

子どもの歩みに寄り添って

＊

　保育園の送リ迎え、忙しい保護者の中にはマイカーを使われる方もいらっしゃるでしょう。幼稚園では園バスを運行させているところが多いでしょうか？　私が０歳児クラスを受け持ったとき、子どもをおんぶして自転車で登園するお父さんがいました。背広姿の上からオンブひもをギュッと結わい付け、ねんねこばんてんをはおって自転車を走らせる姿はなかなかおつなものでした。

　さて、０歳から卒園までの６年間、車も自転車もベビーカーも使わず、雨の日も風の日も歩いて通った親子がいました。徒歩通園の子どもはほかにもいましたし、珍しいことではありません。けれど、このＫちゃんとそのお父さんは大人の足で10数分の道のリを毎日、40分、時には１時間もかけて、のんびりゆっくりＫちゃんのペースで歩いていました。
「せんせい、おはよう！　あのね、とりさんいっぱい、パタパタしてたの」
「おはようございます。公園の木にムクドリがいて、しばし眺めていました」
「せんせい、ハイ、ドングリおみやげ！」
「シイの実がおいしくて、ついＫと味わってしまって」
　Ｋちゃん親子が６年の間に味わったのは、シイの実だけで

なく、季節季節の風や空気、自然の移ろいやその風景、そしてかけがえのない親子の時間だったのだと思います。私へのおみやげも時には野の花だったり、石ころだったり、モミジやイチョウだったりしました。それらを保育室の環境構成に使わせてもらうこともしばしば、おみやげのカタツムリを飼育ケースに入れて飼うこともありました。

　Ｋちゃんのお父さんのように、在宅勤務で時間に余裕のある保護者はほとんどいないでしょう。分刻みで慌ただしい生活を送り、「早く！　早く！」と子どもをせかす保護者も多いと思います。起きたてで車に乗せられ、朝食も車の中でバナナを手にして、という子どももいるかもしれません。中にはお母さんに手を引っぱられ、朝から不きげんな子どももいるでしょうか。

　母親が子どもに発する言葉で多いのは「早くしなさい」だそうですが、保育者もこの言葉を多く発してはいないでしょうか。私は、Ｋちゃん親子と接する中で、大人の都合で子どもをせかしたり、遊びを中断させたりしてはいけないという思いを強くしました。

　Ｋちゃんは幼児クラスになり、みんなで散歩に行くと、木や花の名前を友達に教えたり、さまざまな発見や気づきを保育者に伝えたりしました。じっくりと集中して遊びや活動に取り組み、観察力に優れ、Ｋちゃんとの会話は心和むもので

した。お父さんと歩く日々がKちゃんの感受性を豊かにはぐくんだといえるでしょう。時々、迎えに来られるお母さんもそのことをとても喜んでいました。

　園でも子どもの歩調に合わせて、寄り道をしながら散歩を楽しみたいですね。少しくらいの雨ならば、長靴を履き、レインコートを着て出かけるのもよいでしょう。いつもと違う風景が広がり、たくさんの発見があるかもしれません。

食べる・味わう・分かち合う

＊

　保育園や幼稚園では、春に植えた野菜の苗がぐんぐん育ち、夏野菜の収穫が待ち遠しいころでしょうか？

　今年は、どんな野菜が実るでしょう。花壇や畑があり実のなる樹木が植えられている園庭は魅力的ですね。野菜や果実の生長を楽しみにしたり、色や大きさの変化を観察したり、ひとつ、ふたつと数えたりする子どもたちの姿が目に浮かびます。特に、自分たちが手をかけ、大事に育てた野菜の味は格別でしょう。

　保育者といっしょに食べごろを見計らってもぎ取るときの感触、青臭い野菜のにおい、収穫したキュウリの長さを比べたり、トマトを並べて数えたり、「わあこれデブっちょ！」と言いながらぷっくりしたナスを触ったり、楽しい光景が繰り広げられます。野菜の花の色や形にも詳しくなりますね。
「オクラの花はフヨウの花に似ている」
「ナスは花も実も紫色だけどトマトやキュウリは花と実の色が違うね。どうして？」

　本当にそう、不思議ですね。

　子どもたちが収穫した野菜を洗って切って調理したり、食べたりする中で、クラスやグループの友達の人数を確かめて、分けること、分かち合うことを経験します。このことを

通して子どもの成長を実感することが多々あります。
「きょうはプチトマトが12個採れたから、半分こしたらみんなが食べられるよ」
「ダメだよ、先生の分がないからボクのあげるよ」
「大きいのをひとつ3つに切ればだいじょうぶなんじゃないの」
　みんな、賢いですね。
「キュウリは1本を半分の半分にして、もう1回半分にしたら何個になる？」
「太いの長いのいっしょでいいの？」
「ナスは調理の先生にみそ汁に入れてって渡してくるよ」
　子どもたちが自分であれこれ考え、工夫したり、試したりするのを見守り、その気づきや発見を大事にしたいものです。
　人間は食べ物をともに食べる、「共食」を大切にします。いっしょに分かち合って食べること、ともに味わって食べること、このことは体だけでなく心の栄養にもなることでしょう。また、食にまつわる記憶は、味覚はもちろんのこと、さまざまな食感、香りやにおい、鮮やかな色合いなど、子どもの五感すべてに及び、その体の中に、記憶の奥に取り込まれていきます。「おいしそう！」「いいにおい」「おいしい！」と言い合うとき、だれもが笑顔になりますね。
　それとともに、色や形、大きさ、数などを認識し、その後

の学びの種にもなります。

「ひとつ〇〇円で買った苗で、こんなにたくさん何度も味わえる！」

「スーパーの野菜よりうんと安上がりだよ！」

　保育園や幼稚園の食育を通して育つもの、子どもたちの心とからだ、そして、経済感覚！　楽しくておいしくてためになる保育の基本がここにありますね。

園庭で作られたとびきりのプレゼント

＊

「♪うちのうらのくろねこが　おしろいつけてべにつけて　ひとにみられて　ちょいとかくす♪」（わらべうた）

　1・2歳児が大好きなしぐさ遊びですね。ネコのまねをしながらおしろいパタパタ、紅をすっすっとさして、最後に恥ずかしそうに顔を隠す。保育者といっしょに繰り返し遊ぶ中で、子どもたちは歌を覚え、歌に合わせて手や顔を動かし、いつのまにかネコだけでなく、さまざまな動物のまねをして遊んだりします。絵本に出てくる動物などからさらにイメージを膨らませる子どももいるでしょう。

　1・2歳のころ、保育者や友達と、こうした「ふり」や「まね」を十分に楽しんだ子どもは、その後、幼児クラス（3歳以上児）になると、自分の生活経験と重ね合わせながらごっこ遊びや劇遊びを展開させていきます。幼児クラスを受け持つと、0歳から2歳までの遊びの蓄積が生かされ、発展していることがわかります。

　先の『白粉付けて紅付けて』が1歳のころから大好きだったHちゃん。彼女が幼児クラスになり、園庭にたくさん咲いているオシロイバナを見て、保育者に聞きました。
「先生、このお花、オシロイバナって教えてくれたけど、おしろいってあのクロネコのおしろいのこと？」

第Ⅰ章　保育の歳時記　23

「そう、このお花のどこかにおしろいが本当にあるのよ」
「えっ、本当？ どこにあるの？ 見せて見せて！」
「ヒミツはお花ではなく、花が咲いた後にできるこの黒い種にあるの」

　そう言って、オシロイバナの小さな種を指先で割り、中にある白い粉状のものをHちゃんの指先に付けてあげました。
「わぁ、真っ白のおしろいだ。Aちゃんにも教えてあげよう。Aちゃん、うちの裏のクロネコのおしろいだよ〜」

　それから、2か月はたったころでしょうか。ある日、HちゃんとAちゃんがうれしそうに近づいてきました。
「先生にプレゼントあげるから目をつぶって！」

　そう言って私の手の中に入れた小さなもの、それは、保育室の棚に大小いろいろそろえて置いておいた箱や容器の中のいちばん小さなふた付きの容器でした。中を開けてみてびっくり！　思わずふたりを抱きしめました。
「先生、夏は日に焼けてクロネコになっちゃうって言っていたよね」
「だからHちゃんと、たくさんたくさん集めたの。オシロイバナで」

　容器にぎっしりと詰められたおしろいは、ふたりの指先の熱やちからでほどよく練られた化粧品そのものでした。指先に付けて薄く伸ばすと効果てきめん！　どんな高級高額化粧

品もこの超自然派手作りおしろいにはかないません。夏の終わりにこんなうれしい、とびきりのプレゼントをもらえるなんて！　その後、年長児が園庭で育てた糸瓜から取ったヘチマ水とともに長らく愛用したことはいうまでもありません。

　ところで、みなさん、「紅」はどこにあるかご存知ですか？
　古の女は薬指のことを紅さし指といい、紅花などからできる紅を指で唇にさしていました。旧き良き時代に思いをはせることができるのも保育の醍醐味ですね。

大きなものを作りたい

＊

　日に焼けた暑い夏を越すと、子どもたちは体も心もひと回りぐんとおおきくなるようです。
「大きくなったね！」「もっと大きくなるよ！」
　誇らしげな顔をして背伸びしてみせる子どもたち、頼もしいですね。ぐんぐん伸びゆく子どもたちのエネルギーはさまざまな遊びを生み出していきます。特に年中・年長の子どもたちは友達といっしょに協力して大きなものを作ろうとするでしょう。
「今年の夏は暑かったね」「太陽がギラギラしてた」「海に落ちる夕日がこんなに大きかったんだよ」「どのくらい？」「このくらい！」両手を広げて見せるＳちゃんの姿に「じゃあ、もっと大きい太陽を作ろうよ」とＭちゃん。
　それから数日間、子どもたちは給食室から大量の牛乳パックを運び、水を張ったタライの中でビニールコーティングをはがし、ふわふわの紙のところを水につけ、さらに新聞紙をちぎって混ぜ、その後、小麦粉を溶かして作ったのりを入れて、ドロドロの太陽の素を作りました。その量たるやバケツ８杯分！　みんなの手はネバネバでトロトロ、最初、気持ち悪がっていたＫちゃんもやる気を出して、しっかり練り込みます。広げた両手よりも大きい布と金網を置き、その丸い型

に太陽の素を流し込み、みんなで周囲を固め、さらに６本の木片を均等に流し込み、それぞれの周りにドロドロをつけて三角のとんがりを作りました。こねたり寄せたりたたいたり、たくさんの手が縦横無尽に動きます。

「まだかな、まだかな」「早く太陽の色にしてあげようよ」「もう乾いているよ！」

　２日間待って、すっかり乾いた灰色の太陽に、みんなで配合した朱色、オレンジ色、赤色、黄色など数種類の絵の具をハケや筆で塗っていきます。子どもたちは絵の具が大好きですね。

「わぁすごい！」「だんだん太陽になってきた」「こっちも塗らなくちゃ」「よし、いいぞ」

「やったぁ！」みんなの歓声が上がり、大きな太陽のでき上がり」……と思ったら「ニッコリ笑っている太陽がいいよ」とＴちゃん。「そうだね、顔を描こうよ」とＭちゃん。「乾いてから描かないと色が混ざっちゃうよ。今日はお天気がいいから夕方には乾くかな？」と空を見上げるＮちゃん。「太陽に太陽を乾かしてもらうんだ」と保育者が言うとみんな大笑い。

　それから、子どもたちはだれが顔を描くかを話し合い、Ｓちゃんに白羽の矢が！　Ｓちゃんは画用紙に何枚も試し描きをして「こんな惑じ？」と友達に見せていました。夕方、友

達が見守る中、いつになく緊張した面持ちでＳちゃんが筆を持ちます。そして一気に右目を描くと左目、小さな鼻、大きな口を描きました。一瞬の沈黙の後、拍手がわき起こります。「できた〜！」「大きいなあ」「太陽が笑ってる」「いい感じ！」「Ｓちゃんじょうず！」太陽とよく似た笑顔のＳちゃん、保育者の手をぎゅっと握りうれしそうです。

　その後、クラスでは太陽のダンスや太陽の歌が作られました。運動会では園舎の外壁に太陽が飾られ、子どもたちはオレンジ色のボンボンを持って太陽のダンスを披露しました。

　保育園や幼稚園では家庭でできないことに挑戦したいですね。特に友達といっしょに大きなものを作る、さまざまな素材を使ってみる、何日もかけて作り上げる、作る過程を楽しみ、できたものを喜び、それを通してまた遊びを生み出す。このような経験は子ども時代の宝です。ペットボトルをたくさん積み重ねて大きな塔を作ったり、段ボールや木材で巨大な動物や恐竜を作ったり、大きな家や大きな木を作るのも楽しいですね。

　子どもは自分より大きなものを作ることにより、さらに大きくなりたいという気持ちを膨らませることでしょう。大きくなあれ、子どもたち！

保育を通して広がる「世界」

*

　2010年は、冬季オリンピックが開催されるとともに、サッカーワールドカップに世界中が熱狂した年でした。子どもたちも、家族といっしょにテレビの前で応援の声を上げたり、その結果に一喜一憂したりということがあったのではないでしょうか。テレビのニュースや大人たちの会話を聞いて、日本選手の活躍を喜び、世界のさまざまな国に関心を持つ子どももいたことでしょう。

「バンクーバーってどこにあるの？」「南アフリカは遠いの？」「スペインはここかな？」

　保育室の壁面に世界地図があり、地球儀が置かれていると、子ども同士でその国を探し出したり、国旗を確認したりする姿が見られます。

「アルゼンチンってなが〜い」「オランダって小さい」「日本はここだね」

　年長児になると、指でなぞってかなり念入りに確認したり、たくさんの国があることに気づいたり、国旗の本を見ながらさまざまな国の国旗を描いてみたり、子どもの遊びも広がっていきます。

　先日、園庭で、小さなゴールを目ざして思い切りボールをけり込んだあと、「ゴ〜ル！」と叫びながらガッツポーズや

勝利のダンスをする子ども、ひざまずいて十字を切る子どもを見かけました。なかなか芸が細かいですね。子どもとはいえ、ボールを追いかけ走り込む姿、友達にパスを送る姿は真剣そのもの、あこがれの選手になり切っているようでした。

　保育室では、『人魚姫』の絵本を見ていた子どもが「S先生が教えてくれたんだけど、これデンマークのお話なんだよ」と話しかけてきました。「サッカーで日本と対戦したデンマークだね」「そう、赤い線がこうある旗の国」

　さまざまな国の絵本や童話に親しむことにより子どもの世界も広がります。保育者がそのお話の生まれた国を伝えたり、子どもの興味を引き出していく工夫も大切です。『スーホの白い馬』はモンゴルのお話、『大きなかぶ』はロシアのお話、『三びきのやぎのガラガラドン』はノルウェーのお話ですね。どんな国なんだろう？　子どもといっしょにイメージを膨らませたり、図書館で下調べをしたり、もし、夏休みに海外旅行を楽しんだ方がいらしたら、子どもたちにおみやげ話をするのもいいかもしれません。

　国旗の本を見て描いた旗を運動会の装飾に使ったり、小さく描いたものはつまようじにくるっと巻き付けて給食のおかずに立てたり、調理の方がはりきって「世界の料理」を給食のメニューに取り入れている園もあります。

　年長児が大好きだった『パンのマーチ』（峯陽・作詞、小

川寛興・作曲）という歌があります。その歌詞の中に「イギリス＝ブレッド、イタリア＝パーネ、インド＝チャパティ、中国＝メンパオ、アラブ＝フティル、メキシコ＝トルティーヨ」各国のパンが登場し、それらがどんなパンか、子どもたちは知りたがりました。図書館で調べて写真をコピーしただけでは物足りず、食材店でチャパティやトルティーヨやピタパン（フティル）の粉を買い求め、パン作りに熱中し、子どもたちに見せたり、パンを並べて歌ったり、みんなでひと口ずつ食べたりしました。子どもたちは大喜びでしたが、いっしょにパン作りに挑戦してもよかったと思います。

　保育を通して「世界」が身近になり、子どもの世界も広がりますね。

尽きないおイモの魅力

*

　今年の秋も、全国のほとんどの保育園、幼稚園でイモ掘りと焼きイモが行なわれたのではないでしょうか。もう何十年も前（大昔！）、私が園児だったときもイモ掘り遠足があり、その後、みんなで落ち葉やたき木をくべて焼きイモを楽しみ、味わったことを覚えています。

　日本ではいつごろから、焼きイモをするようになったのでしょう。木々の葉が色づく晩秋、家々の庭や小道などにたくさんの葉が落ちて、それらを掃き集め、たき火をしたところに、イモやクリなど秋の収穫物を入れて家族や近所の人たちと食したことがその始まりのようです。火を囲んでおいしく焼けるのを待ちながら集まって来た人同士が話をしたり、冬の足音を感じながら暖を取る。こうした光景が日本各地で見られ、子どもたちもいつのまにか集まって、お手伝いをしたり、焼きイモをほお張ったりしたのでしょう。

　残念ながら、落ち葉や小枝がゴミ収集車で集められていく時代となり、人々が戸外で火を囲むことが少なくなりました。それでも、お正月のどんど焼き、お盆の送り火やキャンプファイヤーなどさまざまな祭りや行事で火は重要な役割を担っています。火を扱い、火を囲み、火を見つめることは、人間の原初の姿のようでもあり、大人も子どもも引き付けら

れますね。どうか、近隣の方々の理解・協力を得て、園庭での焼きイモが続いていきますように。

　さて、焼きイモの前にイモ掘りがありますが、イモ掘りに夢中になる子どもの姿はほほ笑ましいものです。イモのツルを手繰り寄せ、イモを傷つけないようにしながら小さな手で必死に掘り続け、大きなおイモを土の中から掘り出したときの誇らしげな顔！「ほら！　こんなにデカイぞ！」「私のはおもしろい形してるよ」どの子も両手で収穫したおイモを高々と上げ、とてもうれしそうです。

　家庭への持ち帰り用のおイモと焼きイモ用のおイモを分けて、ツルはテラスのさおに干して、葉っぱはぶ厚い図鑑の間に挟んで、茎のところは先生がキンピラにしてあげよう！捨てるところが何もないのです。ツルが乾いたら適当な長さに切りそろえてカゴを編んだり、クリスマス用のリースを作ったり、年長児ともなると手つきよく、細い針金でドングリやマツボックリを付けたり、布地や毛糸を巻き付けたり、編んだカゴに色を塗ったり、中にコップを入れて花瓶にしたり……。保育室の中がすてきに飾られていきます。太いツルを縄跳びにして遊んでいる子どももいました。押しをした葉っぱは版画にしたり（葉脈がきれいです）、カード作りに使ったり、模造紙に葉っぱをたくさんはり付けてその上にラッカーを塗り、子どもが描いて切り抜いたさまざまな人や

物を置くとりっぱな芸術作品です。

　たくさん遊べておいしいおイモ、焼きイモだけでなく、スウィートポテトや大学イモ、イモケンピなどにして味わうのもよいでしょう。同じおイモでもいろいろな調理法があることを知り、さまざまな色や形や味を楽しみながら、みんなでホクホクの笑顔になれる幸せ、園生活の醍醐味ですね。

　サツマイモが大豊作だった年、子どもたちとお正月用のイモきんとんを作り瓶詰めにして、少しずつではありますが各家庭のおせちに加えてもらいました。また、別の年にはおイモを蒸篭（せいろ）で蒸したあと、数日間、園庭で天日に干して干しイモを作りました。乾き切ったおイモに片栗粉で打ち粉をして、袋に詰めて、子どもたちとともに冬の間中、大事に大事に味わいました。

　もしかしたら、「食いしん坊」であることも保育者には大切なのかもしれません……。

文化を受け継ぐお正月遊び

＊

　日本には旬の味や四季折々の楽しみがいろいろとありますが、子どもの遊びも季節によりさまざまです。みなさんは冬の遊びというと何を思い浮かべますか？
　私は子どもたちといっしょに楽しむお正月の遊びが大好きです。たこ揚げ、カルタ、すごろく……子どもたちも毎年、夢中になって遊びました。和紙を染め、竹ひごの型にはり付け、手作りのたこを作り、みんなで広場に行って揚げたり、グループで話し合いながら模造紙にたくさん描き込んで大きなすごろくを作ったりしました。カルタは古風な絵柄や現代的なものを数種類用意して楽しみましたが、それぞれ好きな札や得意な札があって白熱したものです。ボール紙に自分の顔や遊んでいるところを描き、それに合わせた言葉を読み札にして大判カルタを作って遊んだこともあります。
「けんちゃんはカブト大好き虫博士」「お手玉はまかしてじょうずみずきちゃん」こんなカルタが24枚でき、さあ、遊ぼうと思ったら「天野先生のも作らなきゃ」とＭちゃんが言い、私の札も作ってくれました。読み札もみんなで考えていろんな意見が出ました……。
「あらたいへんあらそうなのいつもげんきなあまのせんせ」
　年長児を受け持ったある年、12月ごろからこま回しに熱

中する子どもが増え、1月末にクラス全員がこまを回せるようになったときにはみんなで喜び合い、こま回し大会をはでに執り行ないました。ベニヤ板を広げ、ふたりずつ向き合ってひもを巻き付けたこまをエイッと投げ、その「ジュミョウ」を競い合います。ジュミョウ（寿命）というのは子どもが考えた言葉で、クルクルと回り続けている時間です。当然、長く回り続けるほうが勝ちとなりますが、だんだんと回るスピードが落ち、こまが傾き、最後、コトンと倒れ止まるとため息と歓声が同時に沸き起こります。

「さあ、次の対戦はだれとだれかな？」

　こまはキュッキュッとひもをしっかり巻き付けることが大事なのですが、そのコツを子ども同士で伝え合い、指先や手先を器用に動かし、「名人」のS君に構える姿勢も教わり、そうこうしているうちにいつのまにか回せるようになり、本当に驚きました。

　羽根突きはなかなか難しく、ふたりでするよりひとりでカーンカーンと羽根を上に打ち上げて楽しむことが多いですね。昔の人は「羽根」を蚊や害虫を食べるトンボに見たて、それを飛ばすことで子どもの無病息災を願ったそうです。今は少なくなりましたが、赤ちゃん（女の子）に羽子板を贈る風習があるのもここからくるようです。浅草などで開かれる羽子板市では今も江戸情緒あふれる職人の技が見られます

ね。保育室でもお正月の装飾として羽子板を和風の布や小物などといっしょに飾ったりするでしょうか。

　こまは世界のいたるところに太古の昔から存在し、さまざまな色、形、大きさがあります。たこ揚げやカルタ、羽根突きなども世界各地に同様の遊びがあり、その土地柄や習俗といったものが色濃く出ているようです。日本国内でも奈良・平安時代から受け継がれてきたものが郷土玩具として各地に残り、温かで懐かしい雰囲気を醸し出していますね。

　子どもの遊びがさまざまに変化し、あるいは衰退しているといわれる中、園でのお正月遊びは日本の遊びや文化を受け継ぐ貴重なものであり、子どもたちが手に取り、十分に楽しめるようにしていきたいものです。

冬の楽しみ・温かさ

*

　日本の寒い冬、霜柱や氷がはり、吐く息も白く、北国では雪が降り積もることでしょう。朝早くから雪かきをしたり、霜柱が溶けてぬかるみになった園庭を整備したり、あるいは保育室の温度調節や子どもの体調管理など、冬ならではの配慮が必要ですね。

　けれど、この時期、子どもたちは園生活にもすっかり慣れ親しんで、落ち着いて遊んだり、友達とのかかわりが膨らんだり、地域によっては雪遊びを存分に楽しんだりすることでしょう。保育者もひとりひとりのようすを見守りながら子どもの成長を実感することが多く、保育が充実するときではないでしょうか。

　1月の終わり、雪国の保育園を訪れたことがあります。子どもたちは園庭に高く積み上げられた雪山からソリに乗って滑り、歓声を上げていました。滑ったと思うとまたヨイショヨイショと雪を踏みしめて登り、今度は姿勢を変えて滑り、何度も繰り返す姿は頼もしく、さすが雪国の子どもと思ったものです。園庭の隅には「かまくら」が作られ、「中は暖かいよ」と年中の子どもに誘われて入ると本当に暖かく、交わす笑顔も温かく、和やかな雰囲気に包まれました。雪だるまを作ったり、雪合戦をしたり、子どもたちは雪に戯れ、夢中

になって遊びますね。花壇に積もった雪がチューリップの芽を押しつぶすことなくふわっと積もっていることを発見してうれしそうに報告してくれた子どももいました。

　保育室にも冬の装飾や冬ならではの遊びがあり、寒い冬を温かく過ごす工夫がなされていることでしょう。年長児が、極太の毛糸を器用に巻き付けて指編みでマフラーを編んだり、簡易織り機で色違いの毛糸を交互に差し込みながら敷物を作ったり、温かな色合いのフエルトを使って製作する姿もありますね。自分で編んだひもを使ってあやとりをしたり、枯れ枝を絵の具で白く塗り、綿などを付けてすてきな冬の装飾を作る子どももいます。さらに、黒や藍色の画用紙に雪のスタンピングを楽しんだり、染めた和紙をちりばめたりすると冬の美しさが現れます。フィルムケースにたこ糸をクロスさせたものや布でくるんだ綿をタンポにしたり、古くなったオクラを使ってスタンピングしたりすると紙面に雪景色が広がります。ストローを使っての吹き絵や折り紙を折り畳み、切り込みを入れ雪の結晶のような模様を作るのも楽しいですね。こうした材料や素材を子どもが自分で取り出して手がけたり、工夫して作ったりできる環境を整えたいものです。また、子どもが作ったものを保育者がじょうずに構成して飾ったり、布や自然物と組み合わせたりすると美しいですね。園生活を通して子どもの美的感覚をはぐくんでいきましょう。

冬といえば、こたつにミカン！　ある園では、園舎内に和室を作り、こたつを置き、1月から2月にかけて年長児が数名ずつ園長先生とこたつで語らうといういきな計らいをされていました。園長先生はひとりひとりの子どもと顔を見合わせ、和やかに言葉を交わしながら入園してきたときのことを思い出したり、子どもの成長ぶりに驚いたりするとお話されていました。子どもたちにとってもすてきな時間ですね。

　寒い冬に温かなふれあいのある保育、寒さに負けず友達といっしょに体を動かしポカポカと温まる保育、冬の自然に親しみさまざまな発見のある保育。園生活の中で、子どもとともに冬を満喫し、春に向かうエネルギーを蓄えたいものです。

新しい春に子どもの育ちを受け渡す

＊

　三月弥生、風はまだ冷たいけれど、梅や桃の花がほころび、木々の芽が膨らみ、どこからともなく春の足音が聞こえてきます。別れを伴う日本の春は少しほろ苦くもありますね。

　保育者にとっては１年のまとめの時期、保育の記録や自己評価を年間指導計画などと照らし合わせ、みずからの保育やひとりひとりの子どもの育ちを振り返ったり、保育課程・教育課程を見直しながら園の自己評価を行なったり、それらを基に次年度の計画をたてたりとたいへん忙しいですね。月や期ごとの振り返りが簡潔にまとめられていると園全体で保育の過程を共有したり、自園の保育のよさや課題を確認したりしやすいでしょう。また、保育環境と子どもの育ちの関連性を明確にすることで、自分たちが何を大切に保育してきたかが浮かび上がります。

　環境を通して行なう保育こそが乳幼児期の子どもの主体性や感性、認識力・思考力などを培っていきます。保育の自己評価が保育環境の創造に結び付くこと、つまり、子どもみずからがより生き生きと遊び生活するための保育環境をさらに魅力的にしていこうとする保育者の創意工夫に結び付くことが大切です。子どもの興味や関心が高まったり、遊びが持続

し発展したり、子ども同士のかかわりが深まったりした際の保育環境の構成や再構成について、保育者間で十分に話し合い、子どもと環境との相互作用をていねいに見て取る、こうしたところに保育の専門性がより発揮されるのではないでしょうか。

　子どもの1年間の育ちを振り返るとき、4月に撮った子どもの写真と3月現在の写真を並べ、あらためてその成長ぶりに驚いたり、感慨にふけったりすることがあります。もし、園で撮影したものがなかったら保護者に協力してもらうのもよいでしょう。子どもにとっての1年はなんと大きく、その成長は目覚ましく、ひとりひとりかけがえのない存在であることを実感します。その子らしいエピソードや身長・体重の変化なども添えて、保育室内に掲示したり、保護者の方と成長の喜びを共有したりすることも大切でしょう。そして、その成長が何よりうれしいのは子ども自身ですね。

　みんな、本当に大きくなったね。顔つきも表情もこんなに変わって、いろんなことが自分でできるようになって、小さい子に優しくしたり、友達のことを考えたり、おもしろいことをいっぱい発見したり、作り出せるようになったね。みんなが大きくなって先生はとてもうれしいよ。お父さんやお母さんも喜んでいるよ。これからもあなたたちを応援しているからね……こんなメッセージを子どもたちにしっかりと伝え

ましょう。そして、ひとりひとりの子どものよさや保育の中で育ってきた過程をじっくりと味わいましょう。保育者のみなさんが保育を計画し、環境を構成し、適切に援助し、ていねいに実践を重ねてきたからこそ、子どもたちはこんなすてきに育ったのです。子ども同士をつなげ、子どもと保護者をつなげてきたのはみなさんです。どうかぜひ、保育という仕事に誇りと責任を持って、一生懸命に取り組んできたことを園全体で確認し合ってください。

　桜咲く春、年長児は小学校へ入学し、ほかの子どもたちも進級します。子どものよさや可能性を次のステージに受け渡していくためにも、心を込めて願いを込めて年度末の保育に取り組んでいきましょう。そして、新しい春の息吹を子どもたちとともに感受したいものですね。

第Ⅱ章 震災を生きる子どもと保育者

東日本大震災と保育園
―― 子どもたちを守り抜いた保育士たち ――

＊

◆ **甚大な被害をもたらした大震災**

　2011年3月11日に発生した東日本大震災は、想像を絶する甚大な被害をもたらしました。これほどの災害は近年では類を見ず、およそ2万人もの方が亡くなられました。このうち、子どもの犠牲は、平成23年版『子ども・子育て白書』（内閣府・平成23年7月15日発行）によると、0歳～9歳が391人、10歳～19歳が336人となっています。

　未来ある子どもの命が一瞬にして奪われてしまったことは、あまりに残酷で心が痛みます。巨大津波が襲いかかり、あらゆるものが壊され流されていく映像を見ながら、あの中に幼い子どもがいたかと思うと胸が詰まります。どんなにか怖かったでしょう。どんなにか苦しかったでしょう。家族を失った子どもも多く、厚生労働省によると2011年12月現在、両親を失った子どもは240人以上、母親、父親のどちらかを失った子どもは1,300人以上いるということです。

　さらに震災後の原発事故による放射能汚染はあまりに多くの影響をもたらし、多くの子育て家庭を不安に陥れています。住み慣れた土地をやむなく離れたり、避難先や仮設住宅で暮らしたり、家族がはなればなれになったりする中、生活

の不安、将来への不安はいかばかりかと思います。申し訳ない気持ちにも陥ります。

地震、津波、そして原発事故による被害の大きさ、その範囲、置かれた状況の厳しさ、多様さは私たちに何を問いかけるでしょうか。あまりに甚大な被害を前に多くの人が打ちのめされ、うろたえ、苦しみ、とまどい…。それでも何か自分にできることはないか、人とつながり支え合えたらと考え、行動された方も多いと思います。

◆　子どもを守る ── 3.11 その日、そのとき

被害の大きさにただただ茫然としていた私も、2011年5月の連休から度々被災地の保育園を訪れました。その中には、津波に流され跡形もなくなった保育園もあり、いったいここからどうやって0歳から6歳の子どもたち全員を避難させたのか、多くの方が亡くなられた地域で保育園の子どもたちの命はなぜ助かったのか、本当に驚きました。震災当日の避難経路をいっしょにたどりながら園長先生や保育士の方々にお話をうかがいました。

「津波避難所となっている裏山はふだんから散歩に行っているところで、震災当日も速やかに避難することができました。泣いたりぐずったりする子どももいなくて坂道もが

んばって歩きました」　　　　　　　　　　　（青森H保育園）

「子どもたちの命を守ることが私たちの使命であり、全職員がその一点において何のブレもなかったと思います。最初の避難先からさらに上の避難場所へ、さらに離れたところにある小学校へと移動もたいへんでしたが子どもたちは保育者を信じてついてきてくれました」　　　（岩手U保育所）

「地震発生後、高台にある最初の避難所に避難しましたが、ここでも危ないと地域の方々と山の上を目ざしました。子どもをひとりひとりオンブしたり抱きかかえながら道なき山の斜面をよじ登りました。地域の方の協力なしではできなかったと思います」　　　　　　　（岩手O保育園）

「地震発生後、地域の水産工場の方や市役所の担当者も来てくれました。海寄りの保育所ということでふだんからいっしょに津波訓練をしたり協力体制がありました。避難先の公民館の屋根の上と給水塔の上に子どもをオンブして乗せましたが、周囲は水没し、さらに火の海が広がったときには死を覚悟しました」　　　　　　　　（宮城I保育所）

「海に近い保育所ということで、避難経路や避難場所を確

認するとともに、日曜に行なわれる地域の津波訓練にも参加していました。第一、第二避難所とも実際に歩くと乳幼児には適当でないと思われ、農道を通って車で小学校に避難することを職員に周知していました。震災当日迷いなくそのとおりに避難することができました」　　（宮城Y保育所）

「毎月の避難訓練をしっかりやっておいてよかったと思いました。3月ということもあり子どもたちの動きも保育士の動きも迅速・的確ですばらしかったと思います」

（宮城O保育所）

◆ **避難所での子どもと保育士**

　保育者に守られ無事避難した保育園の子どもたちでしたが、避難先には食料も水も十分ではなく、寒さと空腹に耐え、余震におびえながら辛い時間を過ごしたのでした。お迎えに来た保護者といっしょに避難所で過ごす子どもだけでなく、一日たっても二日たってもお迎えのない子どもたちもいました。その子どもたちに保育士がぴったりと寄り添い、優しく声をかけたり温めたりしたそうです。また、発達障害のある子どもに対し即席で絵カードを作り、それを示しながら気持ちを落ち着かせたり、昔話や言葉遊びをしたり、保育士の専門性を発揮しながら子どもたちの不安を和らげたのです。

「避難所の1階に置いてあった避難物資は水没してしまい、皆でわずかな水を分け合いました。子どもには「ゴックンゴックンはダメだよ、ゴックンだけね」と言い聞かせて子どももそのとおりにしました。ビスケットを1／4ずつ分けたり、コーヒー用シロップの小さな容器から指先にシロップをつけて乳児に吸わせたりしました」

(宮城Ⅰ保育所)

「最後のお迎えは震災から三日後でした。私が守らなければと使命感のようなものがありました。保護者に無事引き渡して初めて自分の家は、家族はどうなっただろうと思いました」

(岩手K保育園)

「園長として子どもを守る保育士を励まし続けました。8日後になって出張先からようやく戻ることができた父親と涙の再会を果たしましたが、母親は津波にのまれたということで悲しみに沈みました」

(宮城O保育所)

「発達障害の子どもの保育については研修などで学んでいましたが、日常とかけ離れた避難所(小学校)でどんなにか不安だろうと、園長先生が校内を回り調達してきてくれ

た画用紙とペンで絵カードを作りました。トイレや食事、寝る場所などをカードで伝え少しでも安心できるようにするとともに、段ボールのついたても活用しました」

(宮城Y保育所)

「避難所では保育園の子どもたち用に比較的狭いスペースを確保してもらいました。ミルクを調達したりお菓子を分けてもらったりしました。保育士は子どもの好きなお話をしたり小さな声で歌をうたったり、言葉遊びをしたり、笑顔で接していたと思います」

(岩手O保育園)

「水とカセットコンロがきたので、冷えたおにぎり１／４ずつよりおかゆにしたほうがたくさん食べられると思い、そのようにしたところ温かくてうれしいと喜ばれました」

(宮城I保育所)

◆ **保育の再開に向けて**

津波で流された保育園、全半壊した保育園ではその場所で保育することが不可能になりました。被災地の自治体では無事だった保育所に子どもたちを振り分けて緊急入所させたり、どこか代替えの施設や場所がないか検討しました。しかし、役所自体が被災し、その機能が失われたり著しく低下し

ているところもあり、保育園の中には自力で保育再開の場所を探したり、避難所などで「出前保育」をしたりするところもありました。

　保育士や園長もご自身が被災者である方も多く、家や家族を亡くされたり、避難所や親戚の家に身を寄せたりと、厳しい生活を送られていました。そんな中で在園児の子どもの安否を各避難所などを回って確認したり、保育再開に向けて自治体に交渉したりしたのです。被災地を離れる家庭もありましたが、震災後しばらくすると戻ってこられ生活のために保育園の再開を望む声も多くなっていました。

　一方、被災した保育園の中には保護者や地域の方の協力を得て、いち早く保育再開にこぎつけたところもありました。ライフラインの復旧を前に保育再開に踏み切り、子どもと保護者の生活を支えた保育園、頭が下がる思いです。

「同じ地域の幼稚園が３月いっぱいで閉園するということで、被災を免れたその園舎をお借りして保育できないかと交渉しました。幼稚園の理事長先生も地域の子どものためにと決断してくださり、４月より保育を再開しました。ボランティアの方々の力で５月には給食室もできました。子どもたちも大喜び。みなさんに感謝です」　　（岩手Ｋ保育園）

「山間のお寺の集会室をお借りして保育を再開しました。職員の半数以上が津波で家を失いましたが、保育することで自分を保ち、子どもの笑顔に支えられているのです」

(岩手K保育園)

「地域の集会所で保育を再開しました。遊具や教材など全国から送っていただき、絵本も増えました」(岩手U保育所)

「数か所の公立保育所に分かれて子どもと保育士が異動しました。障害のあるお子さんには担当保育士がいっしょに移れるよう市に掛け合いました」

(宮城Y保育所)

「町内に4つある保育所のうち2つが津波に流され、1つは避難所になりました。保育士の身分のまま避難所での仕事に従事したり、避難所を回って出前保育を行なったりしました。子どもとかかわったり遊んだりするとやはりうれしいですね。あぁ保育士なんだなと思います」

(宮城O保育所)

「保育園は津波により浸水しました。水が引いた後、園に戻ると何もかも滅茶苦茶でヘドロ状の泥水に埋め尽くされていました。呆然としましたが、早く取り除かないとにお

いが消えなくなるということで、近隣の保育園の先生方も駆けつけてくださり、掃除、かたづけが始まりました。地域の高校生がおおぜいで作業に取りかかってくれて若いエネルギーに助けられました。２週間後に保育再開できるとは思ってもいませんでした」

(青森H保育園)

「園は無事でしたが、ライフラインが途絶え厳しい状況でした。震災当日は保護者の方が炭で火をおこし職員とともに温かいものを用意したり、翌日も保育する体制を作りました。三日分の食料備蓄があったのでそれを使って給食を作ったり、保護者が調達してきてくれたプロパンガスも役だちました。店が開くと聞きつけ朝一番に職員が手分けして並んだり、さまざまに工夫して給食を続けました。ライフラインが止まっているなかで保護者に弁当を持ってこいとはいえませんでした」

(宮城F保育園)

◆ 防災対策の見直しと保育の課題

東日本大震災がもたらした甚大な被害は、全国すべての地域における防災対策の見直しやさまざまな課題を突き付けました。保育園においても子どもの命を守ることの責任をあらためて痛感し、避難訓練や保護者への連絡方法を見直したり、地域や行政とのつながりを深めようとしています。ま

た、被災地の避難や迅速な対応に学び、自分たちにできることを考え実行しています。

「これまで津波を想定しての避難訓練はしてきませんでした。海から２キロということで地域の方と対策を話し合ったり、先日は屋上に逃げる避難訓練を行ないました。避難訓練の評価もしっかり行なわなければと思っています」
〔神奈川Ｕ保育園〕

「地図を広げて海からの距離を図ったり、園や周辺の標高を確認しました。小高いところはどこが適当か地図を持って歩いたり、ストップウォッチを手に避難経路を確認しました」
〔神奈川Ｈ保育園〕

「さらしをたくさん買い求め、それを使っておんぶする練習をしました。避難袋の中身や備蓄についても再検討しています」
〔東京Ｓ保育園〕

「さまざまなところからおんぶひもを集め増やしました。いざというとき、避難車（散歩カー）では困難な避難も考えられます。被災地では６歳の子どももオンブしたと聞いています」
〔神奈川Ｈ保育園〕

「保育の中でも防災カルタで遊んだり、お散歩マップに避難先を書きいれたり、防災用品を子どもと確認したりしています。子ども自身が命を守ることの重要性を感じているようです」
(東京Ａ保育園)

「毎日、園長と主任が放射線量を５つの地点で測り掲示して保護者に伝えるとともに市に報告しています。側溝や樹木の線量が高いですね。側溝の掃除は若い保育士には心配でさせられません。室内の遊びを充実させ、運動遊びを設定したり、体を動かして遊べるよう工夫しています」
(福島Ａ保育園)

「園庭の表土を削ることで線量が下がりました。現在は一日30分の外遊びを保障していますが、毎朝、保護者に可か不可かを記してもらい対応しています。市内の保育所が合同で体育館を借り、親子参加の運動遊びを繰り広げたり、市の屋内プールに行ったり、バスで遠くまで園外保育に出かけたりしています」
(福島Ｍ保育所)

◆ **命を守る仕事 —— 保育の重みと責任**
「子どもたちの役にたててよかった」「命を守る仕事なんだ

と痛感した」「保育再開を保護者だけでなく地域の方が皆、喜んでくださった」「子どもの笑顔や元気な声が励みになる」「子どもの心の状態を細やかに見守りその成長を支えていきたい」「保育園が元気になることで地域の復興に役だてれば」「保育士としての役割と責任を感じる」……。

　保育士たちのさまざまな声から、保育という仕事の重みをあらためて感じます。園長、保育士をはじめ職員の方は本当に立派だったと思います。厳しい状況の中で職員間のチームワークが生かされ、子どもの命を守りました。その後の保育の中でもひとりひとりの子どもの気持ちに寄り添い、子どもの生活と遊びを支えています。
　震災にまつわる保育園の対応や園長・保育士の行ないはもっと評価されるべきです。被災地をはじめ各地の保育園を訪れ、みなさんのお話を聴いたり、保育のようすを見せていただく中で、保育士のすばらしさ、保育の仕事の重要性をあらためて痛感しました。
　その後、被災地の保育園訪問にはカメラマンに同行してもらい、許可を得て保育のようすや園長、保育士のインタビューなどを撮影させていただきました。全国の皆さんに映像を通して保育園のがんばりを伝えたいという気持ちと、すべての保育者にエールを送りたいという思いからです。ま

た、子どもの命を守るための防災対策や安全保育などに役だつものになればと願っています。

　最後になりましたが、東日本大震災で犠牲になられた方々のご冥福をお祈りするとともに被災された皆さまに心よりお見舞い申し上げます。また、被災地の復旧・復興と皆さまのご健康とご活躍をお祈り申し上げます。そして、放射能被害が一刻も早く抑えられ、子どもの健康と安全が守られることを強く強く願っています。

※この節は、日本保育士会ニュースNo.14（H23年8月発行）に寄稿されたものに、加筆修正して掲載しました。

どうかお守りください

＊

　2011年3月11日、東日本を襲った地震、津波は、多くの尊い命を奪い、人々の日常を破壊しました。被害の大きさ、人々の苦しみ、悲しみの前にすべての言葉はむなしく、どうかこれ以上の犠牲を出さないでと祈る日々です。失われた幼い子どもの命、引き裂かれた家族、避難所での不自由な生活、子どもの将来に影を落とす放射能の恐ろしさ……、さまざまな思いがよぎり心も体も硬直し、それでも何か自分にできることはないかと考えます。

　津波で流された園、被災し閉所した園のことを思うと心が痛みます。厳しい状況の中、保育を再開し、子どもの心身のケアに全力を注いでおられる保育者の方には頭が下がります。また、避難所に「こどものひろば」を設け、子どもの遊びと学びを支援する国際的なＮＧＯ「セーブ・ザ・チルドレン」の方々にもエールを送りたいと思います。被災地から離れている保育現場でもこれまでにないご苦労があり、行政や地域との連絡・連携が欠かせないことでしょう。子どもの命と生活を守るため、大人たちができる精いっぱいのことを日本中で考え、力を結集し、実行していくことが必要です。それとともに、今、みなさんの目の前にいる子どもたちひとりひとりの心身の安定を図り、子どもらしい生活と遊びをてい

ねいに保障していくことが求められます。懐深く受け止め、大切な日常を紡ぎ出しながら子どもと家庭を支える保育者の役割はなんと大きいことでしょう。

　かつて、阪神・淡路大震災があったとき、私が受け持つクラスに被災した子どもが緊急入所しました。神戸の自宅が震災により倒壊し、家族で転居して来られたのですが、5歳児のKちゃんがそのときの恐ろしい体験をポツリポツリと話してくれたのは、入所して半年たったときでした。園に通いだしてからしばらくは表情も硬く、私や友達が話しかけると無理に笑顔をつくるようなけなげなようすで、几帳面にかたづけたり、ひと口ひと口かみしめながら給食を食べる姿も見られました。Kちゃんはどんな遊びが好きなんだろう、得意なことは何かしら……。保護者に聞いたり、さまざまな遊びを提供したりする中で、Kちゃんが粘土で細かなものを作るのがとてもじょうずで、特に、かしわもちやくし団子などの和菓子を器用に形作るのが得意であることに気づきました。油粘土だけでなく紙粘土を用意し、きれいに彩色したり、それを盛り付ける器や小物も用意しました。さらに和菓子屋さんのコーナーを作り、手ぬぐいやのれんで和風の雰囲気を醸し出すと、ほかの子どもも加わってお茶を入れたり、買い求めたりと、やりとりが弾んでいきます。Kちゃんの表情も和らぎ、みんなに「和菓子」の出来を褒められてとてもうれしそう。Kちゃんを中心にはんなりとした雰囲気がクラス中

に漂います。私もふだんのエプロンから割烹着に替えて「おいでやす」（私は京都生まれです）と言ったり、子どもたちとさまざまな和菓子のリストを写真入りで作ったりしました。

　遊びは子どもの心を解きほぐし、安心感と自信を培っていきます。夢中で遊ぶ中でしぜんと子ども同士のきずなが芽生えます。Ｋちゃんの姿は、そのことをあらためて痛感させてくれました。

　被災地では衣食住も十分に満たされず、生活への不安が大きくもたげ、子どもたちもずいぶんがまんしていると思います。でも、こんなときだからこそ、子どもたちに遊びを、子どもたちに楽しく遊ぶ時間と空間を！　どうか子どもたちの命が守られ、安心して遊ぶことができますようにと願わずにはいられません。そして、日々子どもや保護者と向き合う保育者のみなさんが自分自身の健康を守りながら、子どもたちの心のよりどころとなり、楽しい保育を創りだしていかれることを願っています。どうかどうかお守りください。

第Ⅱ章　震災を生きる子どもと保育者　61

命がけの避難

＊

　2011年5月の連休から東日本大震災で被災した保育園をたびたび訪れ、園長先生や保育者の方々のお話をお聞きしています。甚大な被害を前に立ちすくむみなさんの無念さ、苦しさははかり知れず、それでも、悲しみを乗り越え前へ進もうとしているその姿にただただ感服します。

　海の近くにあるA保育園では日ごろから津波を想定した避難訓練を行ない、地震のあったその日も小高い山の上に子どもたち全員を無事避難させ、ホッとしたところに津波が黒山となって園舎を襲いました。瓦礫とともに園庭に流れてきた自動車やコンテナ、なぎ倒されるジャングルジム、園舎は2m以上水に浸かり、何もかもめちゃくちゃになってしまいました。

　川沿いにあるB保育園に、地域の消防団にいるかつての教え子（卒園児）が飛び込んできました。「津波がくる！　避難して！」子どもたちが全員近くの小学校に避難したのを見届け、一度、園に戻ろうとした園長先生の目に映ったのは、海に向かい、ぐんぐん水が引いて、川底が見えてしまいそうな川。そしてその後、黒い塊が河口から迫り、近くの橋をゆうに乗り越え園舎に襲いかかってきたのです。園長先生は命からがら逃げて逃げて、子どもたちの元にたどり着きまし

た。津波が園のフェンスや扉を壊し、窓ガラスを割り恐ろしい勢いでなだれ込んでいくのを背にして。

　C保育園の周囲は広大な平野が広がり、高台まで避難するには時間がかかります。津波がくるまで間に合うかどうか？　園長は職員の通勤用の車数台に子どもたちを次々と乗せ、海から離れた小学校へ農道を通って避難するよう指示しました。この迅速な行動と判断が功を奏し、子どもたちは全員、津波から逃れることができたのです。

　D保育園も、地震後、子どもたちを避難場所まで避難させましたが、津波の大きさに気づき、さらに高い山の上まで逃れようとしました。幼い子どもではとうてい登れない急斜面を保育者と地域の人が０歳から６歳までの子どもを背中におんぶして必死によじ登ったのです。迫りくる津波や津波が運んだ火事の恐怖におののきながら。その後、全員が無事避難した山頂からふもとに下りたのは真夜中だったということです。

　E保育園の子どもたちが全員無事救出されたのは地震発生から２日後の夜でした。地震後、３階建ての公民館に避難したものの津波により２階まで水没し、保育者らは子どもたちをはしごで屋根の上にあげたり、カーテンを覆い被せたりしました。救助のヘリコプターに救出されるまでの間、子どもたちを励ましその命を守った保育者の行ないをどう讃えたら

よいのでしょう。

　まだまだたくさんの保育現場で全力を尽くした保育者たちがいます。生きた心地がしない中で子どもの気持ちに寄り添い、その不安を受け止め、しっかりと子どもたちを守ったみなさんを私は誇りに思います。子どもたちもよくがんばりました。怖かったでしょう。寒かったでしょう。つらかったでしょう。心細かったでしょう。

　一方、想像を絶する恐ろしい体験、考えられないような過酷な状況、思い出すのもつらい出来事、このような経験が人にどのような影響を及ぼすのかたいへん心配です。時間の経過とともに薄れるものもあるでしょう。けれど、子どもと保育者の心と体に刻まれた"傷"は時を経て現れるかもしれません。どうか、周囲の温かなまなざしと差し伸べる手や気持ちが、子どもと保育者の心身を癒し、ともに心から笑い合う日が訪れますように。これ以上のつらい経験が決してありませんように。みなさんの顔を思い浮かべ祈ります。

子どもたちを守り支えるために

＊

　東日本大震災による被害の大きさは時を経て明らかになってきましたが、完全復旧への道のりは厳しく、生活の安定を図るためのご苦労はいかばかりかと察します。生活の再建と就労のために保育を必要とする保護者も多く、被災した保育園の多くで代替えの保育の場を確保したり、仮設園舎を建てるなどして保育を再開しています。

　さて、2011年6月、宮城県のある公立保育所で保育再開にあたり、保護者への説明会があり見学させていただきました。子どもたちの持ち物（支援物資や義援金でそろえたもの）を提示したり、役所の方が保育料や保育時間についてお話しされていました。さらに、主任保育士が災害時の対応について、時に声を震わせながら「保育所から避難する場合、第一避難所は○○、さらに津波の大きさなどにより第二避難所の○○○に行く場合もあります。保護者の方はまずご自分の身の安全を確保し、"だいじょうぶである"と判断してからお迎えに来てください。私たちは責任を持って子どもたちをお預かりします」と言われました。震災を踏まえ、あらためて保育者としての決意を表明されたように感じました。

　被災した保育園、幼稚園だけでなく、全国すべての園において、全職員で災害時の対応をあらためて確認したり、見直

されたのではないでしょうか。そのことを保護者に明確に伝えたり、地域ぐるみで話し合ったりしたところもあるでしょう。

　横浜市のある園では、海岸から園までの距離を地図上にコンパスを当てて計りました。園から海はぜんぜん見えないけれど、たった２kmしかない！（今回の震災では、海岸から６kmの地点で津波にのまれた町もあるのです）　今の避難先でだいじょうぶかしら？　近隣の高台はどこが適当だろうか？　散歩カー（避難車）で登れるかどうか確かめてみなければ。うちの園だけでなく地域全体で避難場所を見直したほうがよいのでは……。そんな声が上がりました。また、子どもをおんぶして高台や避難所の屋根の上に子どもを上げたという話を聞き、おんぶひもをもっと用意しよう、職員は全員素早くおんぶひもで子どもをおんぶすることができるか確認しようという提案もありました。さらに、職員が持ち出す避難袋の中身はこれで十分か、避難訓練の内容をより細かく検討する必要がある、保護者への携帯電話以外の連絡方法を考えよう、そのようなことについても時間をかけて話し合いました。

　被災した園の子どもたちと過ごしていると、「これブッシでもらったの」と言う３歳児や「ヒナンジョでは静かにして保育園でいっぱい遊ぶんだ」と言う４歳児、さらに「（町が）戻ってほしい」と言う５歳児もいます。中には「つなみごっ

こ」と称して鬼ごっこをしたり、積み木を積んでは壊したり、ミニカーをガラガラかき混ぜるようにしたりする子どももいて、驚くとともに心が痛みました。けれど、子どもたちが遊びの中でさまざまな感情を表現したり、心の奥にある思いを表出したりすることは彼らが生きていくうえで必要なことであり、保育者はそうした子どもたちのようすを見守り、その気持ちを受け止めなければなりません。また、各地域において子どもや保護者、さらには保育者を支える支援の輪を広げ、その層を厚くすることが求められます。多くの大人たちが知恵と力を合わせ、子どもたちの未来に希望を持って心を尽くし、手を差し伸べていくことができますように。

福島の保育者そして子どもたち

*

　3月11日の大震災がもたらした大きな事故、福島第一原発のたいへんな事態は人々を大きな不安に陥れ、日本中、いや世界中が固唾をのんで見守りました。多くの方が県外に避難し、特に幼い子どもを抱えた家族が苦渋の決断をされ、全国のあちこちで新たな生活をスタートしたり、避難先で落ち着かない日々を過ごしている方もいます。また、不安を抱えながら福島で暮らし、日常生活を取り戻そうと奮闘されている人々や、子どものために少しでも安全な環境を確保しようと力を合わせる地域の方々もいます。大きな犠牲を強いられたみなさんのご苦労は計り知れず、どうにかして応援したいと思いつつ、申し訳ない気持ちでいっぱいになります。

　そんな複雑な気持ちを抱えながら、2011年7月、8月と数回にわたり福島県内の保育園を訪れました。保育園では子どもと保育者が温かく迎えてくださり、楽しい遊びや活動が展開されていました。福島市の保育園では戸外遊びがまったくできない中、保育者手作りの人形劇や、マットやトンネルなどの運動遊びが行なわれ、本宮市の保育園では1日30分以内の外遊びと、室内での製作や遊びを組み合わせて保育していました。また、ホールでダンスや体操をしたり、サーキットを設定しての運動遊びに取り組んだり、クラスごとに

園内散歩を楽しんだり、シャボン玉や洗濯ごっこをしたりするなど、戸外遊びが十分にできない中で室内での活動を充実させるべく奮闘されている保育者の姿がありました。

　園庭の表土を削って放射線量を低くする取り組みは、福島県内のあちこちで行なわれました。先の本宮市の保育園では2011年5月中旬に土壌表土の除去がなされ、これにより前日まで2〜3μSv/hあった放射線量がそれ以降は0.3〜0.5μSv/hに減ったということです。汚染土壌は1.3mほどの穴を園庭に掘り、放射能遮蔽シートで覆って土中に埋め、その上にきれいな土をかぶせて閉じ込めます。子どもたちがせっかく育てた畑や発芽した花壇も全部削り取り、砂場の砂もなくなり、遊具などもいくつか撤去されました。涙をのんでそのようすを見つめる保育者……。子どもたちもどんなにかがっかりしたことでしょう。

　さらに、どちらの保育園でも、市から線量計が配布され、屋外測定ポイント5か所、屋内測定ポイント4か所の測定を毎日行ない、その記録が掲示されていました。表土除去後の線量や活動についての注意事項などを含む通知が市から発出され、保護者向け通知も保育園から出されています。また、保護者会がたびたび開かれ、経過を説明したり、戸外遊びや給食などについて意見を聴いています。保護者の方の受け止め方もさまざまで、例えば少しでも外遊びをさせてほしいと

いう保護者がいる一方、絶対に外へ出さないでという保護者もいます。それで、園では毎日、子どもの体調、体温などとともに1日30分の戸外遊びの可・不可を記して保護者に提出してもらうようにしました。それぞれの家庭の意向をくみながらそれに合わせて対応するのは、とても大変なことでしょう。

　それでも、厳しい状況の中で子どもの最善の利益を中核に据え、それぞれの保育者の得意分野を生かしたり、保護者の不安を少しでも取り除くべく努力されているみなさんの取り組みは感動的でした。どうか無理をせず、自分自身のお体を大切にと願わずにはいられません。そして、福島の子どもたちよ、どうか無事で、どうか幸せに！いつも心にかけています。

障がいのある子どもたちのために

*

　近年、障がいのある子どもが増えており、いわゆる障がい児保育の実施率も、年々右肩上がりに上昇しています。また、「障害」の認定はされていないけれど発達上の課題が見受けられる子どもも多くなっているようです。みなさんの園にも、特別な支援が必要な子どもが在園されていることでしょう。そして、ひとりひとりの子どものニーズに応じて、さまざまに保育を工夫されていることと思います。

　東日本大震災で被災した宮城県のY保育園にも、発達障がいの子ども（Aちゃん）がいました。3月11日午後3時、Y保育園の子どもたちは保育者とともに避難先の小学校に避難しました。ただでさえ環境が変化したり、生活の流れが変わったりすることが苦手なAちゃん、園長先生や保育者はAちゃんがパニックに陥ったりしないかとても心配でした。もちろん、すべての園児にとって、避難所の緊迫した空気や大人たちの声、尋常でない雰囲気は不安そのものであり、保育者たちは子どもたちの恐怖心や緊張感を和らげようと心を尽くしました。園長先生は園児のために教室をひとつ確保し、学校内のあちこちから許可を得て、折り紙や画用紙、クレヨンや色えんぴつを持ってきたのです。また、段ボールでところどころ間仕切りをして、乳児など小さい子どもが少しでも

落ち着けるよう工夫しました。Aちゃんにも刺激を制御することが必要と仕切りを設けようとしましたが、Aちゃんは当初、それを拒み、みんなの中にいっしょにいることを望んだようです。その後、夜、就寝時などではその間仕切りが役だつ場面もありました。

　震災発生から1日たっても、2日たっても、Aちゃんの保護者のお迎えがありません。Aちゃんの担当保育者は、常にAちゃんのそばから離れず優しく穏やかに話しかけるとともに、園長先生が調達してきた画用紙で絵カードを作り、それらを提示して次の行動を伝えるようにしました。次にやるべきこと、その手順、これから行く場所などを絵に描いて示すことで、見通しを持つことができるよう工夫したのです。「トイレに行く」「水を飲む」「食べる」「眠る」などのカードを見せながら優しく誘導したり、いっしょに行動したりすることで、Aちゃんは驚くほど落ち着いて過ごすことができたということです。もちろん、それまでの保育実践の中で積み重ねてきた保育者との信頼関係が土台にあり、Aちゃん自身もこの状況がただごとではないことを敏感に察知して、いつにも増して担当保育者を頼りにしたのでしょう。Aちゃんだけでなく、保護者のお迎えがなかなか来られなかったすべての子どもたちが保育者と寄り添い、食事も十分でない厳しい避難所での数日間を乗り切りました。

津波にのまれ、奇跡的に救出されたＡちゃんの父親が母親と、わが子の元に来られたのは、地震発生から４日後のことでした。そのときのＡちゃんのとびきりの笑顔、今まで見たことのないような喜びの表情に保育者と園長先生は感動し、ご両親と手を取り合って涙を流されたそうです。前日までに、ほかの子どもは全員保護者のお迎えがあり、最後のひとりとなったＡちゃんを無事に保護者の元に引き渡すことができ、どんなにかホッとされたことでしょう。ひと回り成長したわが子との喜びの再会を果たしたご両親もどんなにかうれしく、園に感謝されたことでしょう。

　私はこの感動的なお話を園長先生からお聞きして、涙を止めることができませんでした。それとともに、この緊急時に、避難所において障がい児保育の模範的実践をされた保育者の専門性や保育マインドに感服しました。私だったらそのようにできただろうか？　私だったらあなただったら……。みなさんも問いかけてみてください。

子どもの心のケアと保育者

＊

「ＰＴＳＤ」という言葉をご存知ですか？「Post-traumatic Stress Disorder」＝「心的外傷後ストレス障害」のことです。trauma＝トラウマ、時折、耳にする方も多いでしょう。トラウマとは心の傷、つまり、ショックな出来事や対処能力を超えた圧倒的な体験で、その人の心に強い衝撃が与えられることによる「心的外傷」のことをいいます。

　心的外傷は時間の経過とともに薄らいだり、周囲の人とのかかわりの中でその傷が癒されたりするのですが、中にはその後も長期にわたり、苦痛を伴う心身の反応やさまざまなストレス症状が現れる場合があります。出来事の再体験（フラッシュバック）や不眠などの睡眠障害、感覚や感情が麻痺したり、頭痛・吐き気などに襲われたりする、こうした症状が数か月以上続くのがＰＴＳＤであり、専門医による診断と適切な治療が必要となります。

　東日本大震災で、あまりに悲惨な光景を目撃したり、恐ろしい経験をしたりした子どもたちの心の傷を案じている方も多いことでしょう。私もたいへん心配になり、小児精神科医の話を聞いたり、被災地で子どもの心のケアに取り組まれている方を尋ねたりしました。そのうちのひとり、畑山みさ子先生（宮城学院女子大学名誉教授）は、2011年４月に「ケア・

宮城」を立ち上げ、子どもの心のケアに当たる人たちを支援されています。震災直後には、アメリカ国立ＰＴＳＤセンター・著、兵庫県こころのケアセンター・訳『サイコロジカル・ファーストエイド』（※1）を基に、宮城学院女子大学発達臨床学科教員とともに保育者向けの縮刷版『災害にあった子どもと親の心を支援するための心得』（※2）を作成し、市町村の保育課などに配信しています。

　この中には、震災後の子どもの急性心理反応やその適切な対処法、家族を亡くした子どもへの対応、保護者の現実的な問題の解決を助ける方法などについて、わかりやすく記載されています。避けたほうがいい保護者へのことばがけやリラックス法なども記されていますので、ぜひ、みなさんも手に取ってみてください。

　さて、大震災と津波などによる心的外傷経験は、子どもの心と体を通してさまざまに現れました。食べない、眠れない、じっとしていられない、常にピリピリびくびくしている。大人のそばを離れなかったり、しがみついたり、赤ちゃん返りをしたりする子どももいました。津波ごっこや地震ごっこをしたり、乱暴になったりする子どもがいる反面、人を避けたり、興味が失われたり、喜怒哀楽を感じにくくなったりする子どももいたようです。「けれど、こうした反応（急性ストレス反応）は当然のことであり、正常な反応である」

と畑山先生は言います。生きていくために必要な「心の現れ」であり、人間は何らかの「出口」を求めている、心の状態をいろいろな手段で表出する、そして、それを受け止めてくれる人の存在、いっしょにそばに居続けてくれる人の存在が重要なのだと。

　多くの子どもは震災後の急性ストレス反応を経て、あたりまえの日常生活を重ね、子どもらしい生活と遊びが保障される中で徐々に自分を取り戻しています。大人への信頼感、安心感を土台に話をしたり、友達といっしょに遊んだり活動したりして、楽しい経験を重ねていくことが子どもの育ちを支えます。スキンシップや食事、睡眠などの生活リズムを整えることも大切なことでしょう。保育者の役割は重要であり、遊びを通して、環境を通して適切に保育することが求められます。また、子どもや保護者の声に心を傾け、理解と共感を示しながら支援することが期待されます。

　けれど、決してひとりで抱え込まないで！　園全体で対応すること、必要に応じて専門機関につないでいくことも重要です。そして、十分な休息とリフレッシュを心がけ、保育者自身の心身のケアを大切にしてください。私と畑山先生からのお願いです。

　　（注１）http://www.j-hits.org/psychological/index.html
　　（注２）http://www.mgu.ac.jp/10ds/files/sienkokoroe.pdf

いのちをまもる・いのちをつなぐ
―― 震災にまつわる保育の記録 ――

＊

　この第Ⅱ章では東日本大震災に関する保育現場の取り組みやエピソードを紹介してまいりました。研修会などで全国を訪れると必ずといっていいほど、「読んでますよ」「保育とカリキュラムが届くのを楽しみにしています」と声をかけられ、励まされる思いがしたものです。

　3月11日以降、みなさんおひとりおひとりがそうであったように、被災したみなさんのご苦労と厳しい現実に思いをはせ、保育現場の子どもと保育者はどうしているのだろう、何とか力になれないだろうか思いました。義援金や物資を送ったりするだけでなく、何か自分にできることはないだろうかと。

　そんな折、以前、『保育所保育指針を映像に』というDVDをいっしょに作成した岩波映像株式会社の社長さんから、被災した保育園の記録を映像として残したらどうかというお話をいただきました。園長や保育者にインタビューを試み、震災にまつわる保育園の取り組みを紹介するとともに、今後の園の防災対策や保育に生かそうというものです。その後、スタッフと話し合いを重ね、5月の連休より約4か月にわたり被災地を訪れ、多くの方の協力を得て取材・撮影を続けてま

いりました。津波で流された園舎跡を訪れたり、3月11日の避難経路をたどったり、園長や保育者の方のお話をうかがったり、保護者や地域の方にも協力していただきました。それは、私にとっても同行したスタッフにとっても心揺さぶられる時間であり、多くの感銘と刺激を受け、保育の原点を見る思いがしたものです。このような場に立ち会えたこと、保育者の心意気や温かな気持ちにふれられたこと、そして、なにより震災時の冷静かつ適切な行動と保育者としての使命感を実感できたことは本当に大きな収穫でした。ひとりでも多くの人にこの「快挙」を伝えたい、保育者のがんばりにエールを送りたい、そんな気持ちが高まっていきました。

　さらに、今回の震災を踏まえて防災対策の見直しを図ったり、屋上への避難訓練を実施したりしている東京、横浜の保育園を訪れ、その取り組みを見せていただいたり、貴重なお話をうかがいました。

　このたび、その膨大な量のフィルムを編集し、2枚組DVDとしてまとめることができました。『3.11その時、保育園は―いのちをまもる　いのちをつなぐ』（検証編・証言編）です。プロの声優さんのナレーションやすてきな音楽（BGM）も付いて、また、ニュース映像なども挿入し、ひとつのドキュメンタリー作品にしあがったと思います。2011年10月22日に東京で完成試写会を行ない、その後、岩手、宮城、

福島などで上映会が行なわれました。また、今後も各地での研修会や上映会が予定されていますが、園内研修などでも是非活用していただきたいと願っています。

　被災地においては少しずつ町の復旧も進み、子どもたちの日常が取り戻されていることと思います。新たな場所での保育が軌道に乗り、避難されていた方が戻って来ている話もうかがいました。けれど、まだまだ厳しい状況は続いていると思います。どうかみなさま、ご自身の健幸を第一に、これからも子どもと保護者を支えていってください。

　2011年は震災だけでなく、大雨や台風による水害も多く、被害にあわれた園もあることでしょう。子どもの命を守るために、園の防災対策や地域との連携がますます重要になっています。人任せにしない保育現場の取り組みが求められます。

第Ⅲ章 保育を紡ぎ出す喜び

遊びをせんとや生まれけむ

＊

　平安時代末期の歌謡集である『梁塵秘抄（※）』の中に、「遊びをせんとや生まれけむ」と始まる一文があります。これを読むと、古（いにしえ）の時代から、幼い子どもたちは心と体を動かし、夢中になって遊び、その姿に大人は心癒されたり、感動を覚えたりしていたことが伝わってきます。

　何のために遊ぶのか、遊ぶ目的は何なのかといった大人の理屈などおかまいなしに、子どもは遊ぶことそれ自体を楽しみ、時がたつのも忘れて夢中で遊びます。気がついたら目が動き、手が動き、心が動いている、体を動かしている、遊具やものを扱い頭も動かしている、そんな子どもの姿はとてもほほ笑ましく魅力的です。頼もしささえ感じます。

　繰り返し繰り返し容器の中に小さな積み木を落としている乳児、お気に入りの車に乗ってホールや廊下を何度も行き来する１歳児、人形を抱いてミルクを飲ませるまねをしたり、おぶいひもでおんぶしたり、小さな布団に寝かしつけたりする２歳児は、ついこの間まで自分がそうしてもらったようにしていますね。砂場でたくさんの団子を作り、それを並べて「いらっしゃい！　いらっしゃい」と団子屋さんになったり、高く高く積み木を積もうとする３歳児、友達と砂場で大きな山を作ったと思ったら、トンネルを掘り、道を作り、水を運

んで川にして流したり、魚を作って魚釣りをする４歳児、５歳児になると、さらにひとつの遊びを発展させて、より本物に近いごっこ遊びや劇遊び、共同製作に取り組みます。また仲間とドッジボールやゲームを繰り返し楽しんだりしています。

　子どもみずからが遊び、興味や活動範囲を広げていく姿に寄り添い、その気づきや発見を受け止めたり、共感したりする保育者でありたいですね。それとともに、子どもが繰り返し遊んだり、遊びを発展させていくようすをしっかりと観察し、子どもの気持ちの変化や子ども同士のかかわり、結び付きをとらえていくことが大切です。また、子どもが思わず触りたい、遊びたいと思える環境を整え、子どもの生活経験や興味・関心に沿って保育室内外の環境を作っていきます。子どもが集中して遊べるスペースや遊びの発展を助ける物や遊具、遊びを持続させるための保育者の配慮も必要でしょう。そのためにも、子どもの発達過程（育ちのプロセス）をよく理解し、子どもの動きや遊びを見通しながら計画的に環境を構成していく力が保育者に求められます。子どもの発達と遊びに関するプロ、それが保育者ともいえます。

　サクラ咲く４月、今年も進入園児を迎え、新しい年度が始まります。新入園児も進級した子どもも不安と期待に胸がいっぱいのことでしょう。この子どもたちが、生命の発露と

もいえる遊びを十分に楽しみ、集中して遊び、友達と声をかけ合い工夫して遊ぶことができるようにと願わずにはいられません。さんざめく子どもの声や夢中になって遊ぶ姿は、保育者ならずとも大人の心を揺さぶります。

「遊びをせんとや生れけむ　戯れせんとや生れけん　遊ぶ子供の声きけば　我が身さえこそ動がるれ」

(梁塵秘抄より)

※『梁塵秘抄』(りょうじんひしょう)
……平安時代末期の歌謡集。今様歌謡の集成。後白河法皇撰。

1冊の絵本から

＊

　子どもたちが大好きな絵本。保育室には季節感あふれる楽しい絵本が並べられていることでしょう。お気に入りの絵本を手に取り、繰り返し「読んで」とせがむ子ども、友達と頭を突き合わせ、時折笑い声を立てながら見入ったり、自分の生活経験と重ね合わせながら登場人物に感情移入したりする子どももいるでしょう。

　絵本が果たす役割はとても大きなものがあります。絵本は重要な文化財であり教材であるとともに、保育環境そのものといえます。みなさんにも大好きな絵本、思い出に残る絵本があるでしょう。大人になっても、すてきな絵本を手にするとワクワクしますね。そして、そのワクワク感や絵本を大事にする保育者の姿は、子どもたちに必ず伝わっています。

　園では、1冊の絵本からさまざまな遊びが生み出されていきます。読んで「もらう」体験から自分で「作り出す」体験につなげていくこと、絵本からさらにイメージを膨らませ、さまざまな表現に結び付けていくこと、こうした実践を重ねていますか？

　例えば、ある園の3歳児クラスでは、子どもたちが大好きな絵本を基に、いくつかの遊びが生み出されました。

　1日目、保育者が緑色のタイツ（つま先に穴のあいた古いもの）

にピンポン玉を入れてアオムシを作り、保育室の中に忍ばせておきました。前日、子どもたちが画用紙に色を塗り作った緑色の葉っぱを菓子箱に入れ、その中にそっと。「あっ！こんなところにアオムシが」見つけた子どもはうれしそうにアオムシを手にして、アオムシらしく動かしてみます。もうひとりの子どもが『はらぺこあおむし』の絵本を持ってきて、アオムシに見せています。保育室にあるままごとの「ごちそう」を食べさせようとする子どももいます。「もっとごちそうつくってあげよう」と、画用紙にバナナやイチゴの絵を描き、ハサミで切り取り並べたり、保育者といっしょにアオムシのペープサートやお面を作ったりする子どももいます。アオムシもごちそうもだんだん増えていきました。

　２日目、保育者が黄緑、緑、深緑色の色画用紙を小さな筒にして、綿ロープといっしょに用意しておきました。すると、それらをロープにくぐらせつなげて、アオムシに見たてて遊びだします。自分で色画用紙を丸めたり、顔を描いたり、くねくねと動かしたりして遊びだす子どももいます。

　３日目、保育室の壁に保育者が大きな木を作り、早くに登園して来た子どもと、葉っぱもたくさん付けてみました。するとそこに次々と、皆が作ったアオムシがやって来ます。その日は、散歩に行った公園の草むらや樹木に「アオムシはいないかな？」とを探す子どもの姿がありました。

4日目、年長児が遊びに来て「これがほんもののアオムシだよ」と昆虫図鑑を見せてくれました。その後、いっしょにアオムシのお面を作り、それを付けて、保育者のピアノに合わせてアオムシの身体表現に挑戦、「はやくチョウチョウになりたいよ〜」と言う子どもも！

　当然のことながら、翌日からはチョウにまつわる遊びや表現が次々と編み出されていきました。そのことを想定して、保育者がどのように保育環境を構成したか、どのような素材や教材を用意したか、考えてみてください。幼児クラス全員で協力し、何日もかけて2メートル以上の巨大なチョウを作り、園舎の外壁に飾った園もあります(私のいた園です)。

　保育はつながっていきます。子どもの興味や関心が次の遊びを生み出したり、子どもの発想から新たな活動が生み出されたりします。心を動かす子どもの体験は、次の体験を呼び起こします。その体験や心の動きに寄り添い、子どもの発達過程をとらえながら、環境を構成したり再構成したりする、ここに保育の醍醐味がありますね。

尽きることのない楽しさ
―― 遊びの玉手箱 ――

*

　保育現場では「絵本のリスト」を作成し、季節ごと、おおよその年齢ごとに分類したものを保育の中で活用している園があるでしょう。例えば雨の多い時期には、『あめこんこん』『おじさんのかさ』『かたつむり』『あまやどり』『しずくのぼうけん』『どうしてあめがふらないの?』などの絵本が挙げられているでしょうか？　また、同様に「歌のリスト」や「わらべうた一覧」、「自然物（草花や木の実など）の遊び」を期ごとにまとめたり、「運動遊びのリスト」や「ごっこ遊びのリスト」を、その遊びのために必要なものなどを書き込んで作成している園もあることでしょう。

　保育者の得意分野を生かして、それぞれが作成したリストを各年齢の指導計画に落としたり、子どものようすを見ながら適宜書き加えたりして、遊びの玉手箱を豊かに増やしていきたいものです。保育園や幼稚園は遊びの宝庫、さまざまな伝承遊びや児童文化といわれるものを継承していくことは、現代社会において特に重要なことと思います。保育者自身が子ども時代に夢中になって遊んだことを取り入れたり、保護者や地域の高齢者の方に遊びを紹介していただいたり、いっしょに遊ぶ機会を設けたりすることも大切です。

私は、自然と子どものかかわりを大切に保育してきましたが、その中で、さまざまな遊びの抽斗（ひきだし）を作るのが楽しみでもありました。例えば「おひさま」や「水」「花」「野菜」「木の実」「動物」などにまつわる遊びや環境構成を考えたり、関連する絵本や図鑑、歌、詩などを集めたり、ごっこ遊びや造形活動への展開例を記したりして、保育はまさに想像と創造の賜物と実感したものです。さらに、「お花見」や「七夕」「お月見」「秋祭り」「お正月」、あるいは「端午の節句」や「ひなまつり」などにまつわる知識や保育への活用例をさまざまに増やしていくと、なんだか豊かな気持ちになるものです。季節の風物詩や日本の年中行事にまつわる活動も、保育者自身が学びながら大切にしていきたいですね。

　新入園児たちも落ち着いて遊んだり生活したりできるようになってきた６月、園では年齢に応じてさまざまな活動を取り入れたり、雨の日も楽しく遊べる工夫をしていることでしょう。室内での運動遊びや「雨」にまつわるさまざまな遊び、雨の日の散歩での発見などを楽しみ、６月の保育をアジサイの花の色のように豊かにしていきたいものです。６月の自然にまつわる絵本や歌、描画、製作をはじめ、カタツムリやカエルなどの図鑑を用意し、飼育の方法を調べて実際にやってみたりするのもいいですね。カタツムリが出すオレンジ色のうんちに驚き、「ニンジンをあげたからだよ」と気づ

いたり、飼育ケースから出して保育室に張った糸の上を綱渡りするようすをわらべうたの『でんでんむしでむし』を歌いながら観察したり、カエルの種類に詳しくなって、カエル博士になったりする子どももいるでしょう。和紙を染めて色とりどりの傘を作って飾ったり、『雨ふりくまのこ』の歌を劇仕立てにしたり、雨音や雨上がりのにおいをさまざまな方法で表現したりして、子どもとともに雨の恵み、季節の恵みを味わいたいものです。

　保育は、子どもと保育者が周囲の環境にかかわりながら楽しさを紡ぎ出していくものだと思います。子どもの目線に立ち、その感受性や気づきに共感しながら、さらに興味や関心を膨らませ、遊びに発展していく手だてや環境構成を蓄えていきましょう。尽きない遊びの玉手箱は、子どもにとっても大人にとっても魅力あふれるものですね。

乳児保育の喜び
―― 満面の笑顔とすこやかな成長のために ――

*

　0歳から5歳までどの年齢の子どもを担任しても、それぞれのおもしろさややりがいがあり、子どもの目覚ましい成長に心揺さぶられます。卒園式の晴れ姿に年長の担任だけでなく、3歳のときの担任だった保育者は2、3年前の子どもの姿を思い出し、0歳のときの担任だった保育者はあどけない赤ちゃんだったころのことを思い出し、その成長を実感することでしょう。保育現場ではすべての保育者がすべての子どもを見守り、その成長を喜び合う、こうした文化があるように思います。保護者もまた、卒園式では親子で通った園生活の何年かを振り返り、担任の保育者だけでなく、ほとんどすべての保育者に声をかけたり、園長先生と話をしたりすることでしょう。そして、わが子がたくさんの保育者に支えられてきたことにあらためて感謝されることと思います。

　私自身も、大きくたくましく成長した年長児の姿からそれぞれの年齢を担任したときの苦労と喜びが思い出され、子どもとともに成長してきたことを実感したものです。特に0歳から6年間在園した子どもの卒園は感慨深いものがあり、自分が0歳のときの担任だった場合には感動もひとしおです。そのときの喜びとなんともいえない満たされた気持ちを思い

返しかけがえのない時間をいっしょに過ごせたと思うのです。

　０歳児の魅力はひと言では言い表せませんが、私たちは乳児のひとつひとつのしぐさや表情に魅せられ、その生命の輝きに心洗われ、泣いても笑ってもかわいくて愛おしい存在と感じますね。ミルクの飲みぐあいや離乳食の進みぐあいに一喜一憂したり、寝返りができた、うつぶせの姿勢からほんの少し前に進んだと大喜びしたり、ハイハイからつかまり立ちするそのようすに「ヨイショ」と心の中でつぶやいたり、最初の一歩が踏み出されるその感動は格別なものがあります。「マンマ」「ちょうだい」など発せられるひと言ひと言に感動し、「テンテイ（先生）」と初めて呼ばれた喜びに有頂天になったり、乳児保育は喜びに満ちています。

　もちろん、未熟で抵抗力の弱い赤ちゃんの健康管理や衛生管理はこまやかにぬかりなく行なう必要がありますし、保護者へのアドバイスなどその気持ちを察しながらていねいに対応していかなければなりません。でもそれもこれも乳児の笑顔とすこやかな成長のためであり、保育者として持っている限りの知識や技術を乳児の幸せのために生かしたいと心から思えるのです。

　人間はほかの動物と異なり、生まれてすぐに立つことも自分で栄養をとることもできません。未熟なままこの世に誕生し、養育者の手厚い加護を受けて成長します。赤ちゃんから

発せられる声やしぐさや泣き声にこたえ、育てるという行為が引き出されていく中で情緒的な絆(きずな)も形成されていきます。保護者とともに子育てを担う乳児保育の場面でも、ひとりひとりの乳児の欲求に適切にこたえ、手厚く優しくていねいに対応することが求められます。

　けれど、小さくて未熟で弱き存在である乳児が大人に与えるものは数限りなくあり、私たちは乳児からたくさんの喜びと感動をもらいます。その笑顔や声に心癒されたり、目覚ましい成長に驚いたりしますが、それだけでなく、乳児の敏感な感覚に気づいて保育室の環境を見直したり、発達に応じた遊具を手作りしたりしますね。やや鈍感になった自分の感覚や感性を省みたり、乳児の視覚、聴覚、触覚などに思いをはせながら保育室の音環境や色彩、さまざまなものの素材などを見直します。乳児が心地良いものに囲まれて生活するその環境をていねいにつくっていく。満面の笑顔とすこやかな成長のために心尽くしたいものです。

鬼さんこちら、手の鳴るほうへ

＊

　寒い季節でも戸外で元気に走り回って遊ぶ子どもたちのようすはほほ笑ましいものです。子ども本来のエネルギーや集って遊ぶことの原型を鬼ごっこに見ることができます。白い息を吐きながら友達を追いかけたり、逃げたりする姿は「子どもは風の子元気な子」そのものであり、子どもたちはさまざまな鬼ごっこを体験する中で、体力や敏捷性などを体得していきます。また、ルールを守ることで遊びが持続したり、みんなで楽しめるということも経験していくことでしょう。

　鬼ごっこは逃げる、追いかけるという単純な遊びですが、人間の原初の姿を彷彿とさせます。日本の伝承遊びのひとつである鬼ごっこの歴史は古く、その起源はゆうに千年をさかのぼるということです。また、世界中に鬼ごっこに類似する遊びが存在し、それは「タカとニワトリ」だったり、「オオカミと子ヒツジ」だったり…。世界中の子どもたちがそれぞれの土地に伝わる鬼ごっこに興じる姿は命の躍動感に満ちているのではないでしょうか。いっしょに逃げたり、歓声を上げたり、ともに体を動かして遊ぶ中で子ども同士のかかわりが深まり、活気づいていくことでしょう。

　さて、鬼ごっこでまず子どもたちがするのはジャンケンで

す。ジャンケンを覚えた子どもはしょっちゅうジャンケンをしたがりますね。万人に平等の共通ルール、それがジャンケンですが、英語では"Rock-paper-scissors"といいます。日本と同じように「石・紙・ハサミ」、これが韓国や中国になると「石・布・ハサミ」となります。韓国の子どもたちは、「カウィ（ハサミ）・バウィ（石）・ボ（布）」と言い、中国の子どもたちは「シータォー（石）・チェンツ（ハサミ）・プー（布）」と言ってジャンケンをするのです。ジャンケンはインターナショナル、世界中の子どもが集まってそれぞれのかけ声でジャンケンをして鬼ごっこでいっしょに遊ぶ姿を想像すると楽しい気持ちになりませんか。

　高オニ、色オニ、子増やしオニ、こおりオニ、手つなぎオニ、しっぽ取りオニや目隠しオニなど、たくさんの鬼ごっこがあります。年少クラスでは「むっくりくまさん」や「オオカミさん今何時」などの鬼ごっこが楽しいでしょう。年長児になると真剣にドロケイなどを楽しんでいるでしょうか。風のように駆け抜けて「タッチ！」する姿が目に浮かびます。つかまって泣きそうになる子ども、勢い余って転んでしまう子ども、体をきゅっとねじらせて身をかわすのが得意な子ども、オニになりたがる子どももいますね。鬼ごっこを通して繰り広げられる子ども同士のかかわりを見守りながら、保育者も必死に逃げたり、追いかけたりしているでしょう。

暖房のきいた室内でテレビゲームでの鬼ごっこをする子どもがいるという現在、園庭や広場での鬼ごっこは貴重なものかもしれません。たくさんの子どもたちが鬼ごっこで遊ぶことを経験してほしいと思います。
　ところで、以前、鬼ごっこでオニになるのを嫌がっていた３歳児に尋ねられたことがあります。
「桃太郎に出てくる鬼と泣いた赤鬼に出てくる鬼と鬼ごっこの鬼は仲間なの？」
　みなさんだったらどう答えますか？　そもそも鬼って何なのでしょうね。そんなことを子どもたちといっしょに考えるのも保育の楽しみですね。

積み木は遊具の王様

＊

　ロバート・フルガムの『人生に必要な知恵はすべて幼稚園の砂場で学んだ』という本がベストセラーになったことがあります。確かに砂場はたいへん重要であり、砂遊びに熱中する子どもを見ているとうれしい気持ちになります。大きな砂山を作り、川を作り、トンネルの向こうとこちらで指先がつながったときの喜びはひとしおですね。水を少しずつ入れながらダンゴをたくさん作って砂場の縁に並べたり、砂のケーキに落ち葉や小枝でトッピングしたり、地球の真ん中まで穴を掘ろうと懸命になる子どももいます。砂場遊びで育つものをじっくり考察したいものです。

　さて、室内の遊びで砂遊びに匹敵するものは何でしょうか？　私は積み木だと思います。世界初の幼稚園を創設したドイツのフレーベルが考案し、子どもたちに与えた「恩物」(英語でGift)にも立方体などの積み木がありました。現代では、さまざまな形や大きさの積み木があり、それぞれの園で積み木遊びに興じる子どもたちの姿があることでしょう。できるだけたくさんの量の積み木を用意し、その場その場でさっさとかたづけたりしないで、翌日に「続き」ができるようにしてあげたいですね。そうすることで、子どもたちは大人が到底成しえないスケールの大きなものを創り出していきます。

積み木それ自体はシンプルな木のかたまりにすぎません。けれど、積み上げたり、並べたり、組み合わせたりすることで、実にさまざまな世界が繰り広げられていきます。ビルや道路になったり、駅や線路になったり、お城になったり、サッカー場になったり、名付けられない不思議な建造物になることもあります。積み木遊びを楽しむ子どもたちの想像力や集中力はすばらしいものがあります。その意欲や集中力を削いでしまわぬよう十分に遊び込める時間と空間が必要です。また、イメージを広げたり、遊びの展開を助けるために、積み木と組み合わせる動物や人形、乗り物などが身近にあるとよいでしょう。さらに、絵本に出てくる場面を積み木で表現したり、自分たちが描いたり作ったりしたものを積み木に組み合わせて楽しむこともできます。

　Ａ保育園では、子どもたちが大好きな絵本、『カラスのパンやさん』の世界を積み木と紙などの製作物で表現しました。折り紙で作ったパンや風車が積み木に飾られています。子どもが描いたカラスたちも羽を広げています。本物の木の枝も積み木にかざして、背景には絵具で手掛けた豊かな緑が広がります。平面に描かれた世界が絵本から飛び出し、子どもたちの手によって豊かな立体の世界になりました。『カラスのパンやさん』の絵本を知らない保護者の方もこのお話を知りたい、読んでみたいと思ったことでしょう。この

ような共同製作は子どもたちの心に深く刻まれます。

　積み木はバランス感覚や空間認知力を育て、思考力、認識力をはぐくむものとして、「知育玩具」などとも呼ばれます。確かに、子どもたちは積み木遊びに熱中しながら、大きさや形を確かめたり、正面からだけでなく横から見たり、上から見たりしながらバランスの良い調和の取れた構造物を作り上げていきます。さらに高くするにはどうしたらよいか、こことここをつなぐためには何が必要か、そんなことも考え試しています。ひとつの小さな木片がたくさん組み合わさることによりこんなに大きく魅力的なものができる、その感動を友達と分かち合い、うれしい気持ちになります。こうした心の育ちや遊び込む意欲を大切にしながら各園での積み木遊びが楽しく繰り広げられていくことを願っています。

豊かな言語感覚を養うために

＊

　友達といっしょに園生活を送り、楽しく遊びながら多くのことを学んでいく子どもたち。例えば、文字や数字などについても、学校の授業のように教えられるのではなく、遊びや生活の中でいつのまにかしぜんと覚えたり理解しているのではないでしょうか。けれど、「しぜん」に見えるようで、実は保育の中でさまざまな工夫が行なわれています。みなさんの園でも子どもが文字や数字に親しめるよう保育環境を構成したり、遊びや生活の中で文字や数字を扱う機会を設けていることでしょう。ひとりひとりの子どもの言葉や数量に対する感覚や認知についてていねいに把握することが必要ですね。その際、正しく読み書きできることを求めるのではなく、文字などの記号が生活の中で必要なものであることや、人とのコミュニケーションを豊かにするものであることを感じ取れるようにすることが重要です。

　私たちの社会にはさまざまな記号が存在します。駅のホームに降りれば出口の表示や矢印があり、トイレには男女を表すマークがあります。エレベーターに乗れば三角の角の表示を見てボタンを押し、車に乗れば信号や交通標識を確認するでしょう。それらの記号が意味するもの、指し示すものは人々が共通に理解できるものとなっています。図や絵や

マークからなんらかの意味やメッセージを読み取ることは生活のさまざまな場面で行なわれていますね。

　まだ文字が読めない幼い子どもたちもはってあるマークや表示を見て、靴はここにしまう、自分のロッカーはここと確かめたり、遊具のしまい場所を覚えたりします。水道の前に手の洗い方が絵で表示されていると、それを見てやってみたり、「お散歩マップ」に示された公園やスーパーなどを友達といっしょに確認することもあるでしょう。保育者が「Ｋちゃんのお誕生日はここね」とカレンダーに印を付けるのを見て、その数字が特別なものと感じられるかもしれません。保護者や保育者がたびたび書いてくれる自分の名前を表す平仮名を子どもはいち早く覚えますね。何かが何かを表す、これはこのことを示している、そのような気づきが重なっていくことで文字や数字などへの感覚が豊かになっていきます。

　ままごとなどでチェーンリングをスパゲティに見たてたり、「あっちっち」と言ってお茶を飲むまねをしたり、動物になったつもりでその動きをまねてみたり、子どもの遊びの中で繰り広げられる「見たて」や「つもり」も重要です。実際にはそこにないものを何か別のもので表したり、あるいは何かになりきってふるまったりする、役を決めてごっこ遊びを楽しむ。こうした１、２歳児のときの遊びの中でイメージするちからや言葉への感覚が養われていき、認知力や認識力

の基礎を培います。また３歳、４歳になると仲よしの友達と半分こしよう、お散歩で拾ったドングリをみんなで分けよう、大きさや形を比べてみようなど、友達と楽しむこうした経験が数量などの感覚を豊かにしていきます。こうした子どもの学びを意識してていねいにとらえることが必要です。

　一方、文字などの記号は単にあるひとつのものを照合させる機能があるだけではありません。例えば「空」といって思い浮かべるのは夕焼け空だったり朝焼けだったり、あの人といっしょに眺めた山の空だったりとさまざまです。「そら」という単純な音声から引き起こされるさまざまな感情や体ごと覚えている感覚を大事にしたいと思います。

　幼児期は特に、みずから周囲の人やものや自然とかかわる中で経験する多様な感情や身体感覚が重要であり、単に文字や数字を覚えるために覚えるようなことをしてはもったいないと思います。さまざまな経験を積み、豊かな感情や感受性がはぐくまれていくなかで、身近な人に気持ちを伝えたり、共感したり、気持ちを通わせていく。そのための「言の葉」でありたいものです。なぜなら、言葉は目には見えないもの、実態が不確かであるものも表します。１＋１＝２といった正解のないものへの想像力や人を許したり認めたりする懐の深さは子ども時代の遊びや生活の中ではぐくまれていくのではないでしょうか。

振り返る楽しみ
── 新たな保育を紡ぎ出す自己評価 ──

＊

　年度末になると、各保育現場では１年の保育を振り返り、保育の自己評価を書き記すことでしょう。何をどう書いたらよいのか、自己評価って難しい！　そんな声も聞かれます。自己評価をしなければならない、自己評価はプロの保育者として当然の責務、しっかりと自己評価してこそ来年度の計画がたてられる。そのような要請がひとりひとりの保育者にあり、とまどったり、ため息をついたりする方もいるのではないでしょうか。

　子どもも大人も「…しなければならない」「…しなさい」と人に言われてしかたなくすることより、自分から進んで楽しんで行なうことや自分で考えて編み出したり工夫することのほうがより身につきますね。意欲と喜びを持って取り組んだことがその人自身のちからになり、さらなる興味や関心を引き出していきます。自己評価もやらされ感で取り組んでもその場限りのものになり、保育者としての実力アップに結び付きません。自己評価しなければならない、ではなく、楽しく保育を振り返ることで、保育者としての意欲が高まり、子どもへの理解が深まり、保育に見通しが持てるようになる。そんな自己評価を目ざしたいものです。

そもそも自己評価はそれをすることが目的ではなく、自己評価を通して保育現場がより生き生きと魅力的なものになることが重要であり、保育の質の向上が図られていくための手段であるといえます。そのためにも「子どもの育ちを振り返る視点」と「保育者自らの保育を振り返る視点」を持ち、自分たちが作成した保育課程・教育課程に沿って省察することが求められます。

　その際、まず、4月当初の子どもの姿を思い出し、保育記録なども読み返し、その成長を実感されたらどうでしょうか。ミルクを飲みようやく寝返りしたばかりの赤ちゃんだったのが、今では給食をモリモリ自分の手で食べ、しっかりと歩いている、友達と遊具の取り合いをして泣いていた子どもが年下の友達に優しく遊具を渡したり、仲間と声をかけあっておにごっこを楽しんでいる。そんな目覚ましい成長のようすをまず確認し、保育課程などに記されている年齢ごとの発達の特徴や保育の目標に照らし合わせてみましょう。そして、どのような体験の中で子どもの何が育っていったのかを考え、さらなる成長の見通しを描いていく。それは子どもの未来を描く楽しい作業であると思います。

　みずからの保育を振り返るときに大切なのは、子どもへの配慮や心がけてきたことを書き記すだけでなく、保育環境をどう工夫してきたかを明確にすることです。子どもの動線や

視線を考慮して保育室の物の配置や生活空間をどのように工夫してきたか、遊びのコーナーやゾーンをどのように設定してきたか、遊具の入れ替えや種類などをどのように変化させてきたか、自然物を保育環境の中にどのように取り入れてきたか、こうした観点で保育の環境構成を振り返ることが重要です。子どもが熱中して遊ぶ姿に、みずから意欲的に生活する姿に、興味・関心を高め探したり調べたりする姿に、保育環境の重要性が実感されることでしょう。そして、子どもたちがみずからの生活と遊びを楽しみ、より生き生きと活動できる保育環境にするためにどうすればよいのか、そのことをじっくりと考えてみる。こうしたことが自己評価の中核に据えられる必要があると思います。

　自己評価を通してより魅力的な保育環境を模索していく、新たな保育環境を創造していく。このことが子どもにとっても保育者にとってもうれしいこと、意義深いことであることを保育者間で確認し、次年度の計画に反映させていきましょう。新たな保育を紡ぎ出すための保育の振り返りが楽しく繰り広げられますように。環境を通して行なう保育がますます充実しますように。

紡ぐ・織る・織りなす
—— 緩やかな保育の時間 ——

＊

　綿や繭などの自然物から何本もの細い繊維をより合わせ、1本の丈夫な糸にしていく。そして、経糸、緯糸を交差させ繰り返し繰り返し織り込んでいく。長い時間と手間をかけて織り上がった布地や反物は、糸の種類や染めぐあいによって独特の風合いや色合いとなり、織りなす模様や造形が浮かび上がります。特に、日本の和服の文化は各地ですばらしい織物を作り出し、その深い味わいや美しさに見とれてしまいます。また、斬新な絵柄や色遣いに驚くこともあるでしょう。

　自然にあるものから糸が紡ぎ出され、1本の糸からさまざまな色やかたちが織りなされていく。こうした織り物の世界の不思議さを思うとき、人が生まれて、さまざまな人と交わり、かかわりながら人生を歩み、人間となっていくその姿と重なるように思えてくるのです。生まれたての赤ちゃんに内包されている何かがていねいに引き出され、根気よくより合わされ、やがて美しく個性的に織りなされていくかけがえのないひとりひとりの人生。1本の糸だけでは織ることができず、太さや色が異なる違う種類の糸を織り合わせていく中で、思いがけないものが醸し出されていく、そんなふうに感じます。

人間は物ではありませんから、完璧な完成形などなく、もの作りよりよほど手間と時間をかけていねいに自分自身の人生を紡ぎ出し、織り込んでいかなければならないでしょう。人やモノや自然とのかかわりのなかで、風合いや色合いや肌触りを楽しみ、引き寄せていく。そんな体験を繰り返し行ないながら、人は人として成長していくのかもしれません。

　産休明け保育で入園してきた０歳児の子どもは、真っ白でふわふわとした真綿のようです。けれど、親の愛情を一身に受けながら保育者や子どもとかかわり、楽しく遊んだり生活しているうちに、その子どもの「糸」が現れてきます。それはひとつとして同じものはないその子どもだけが持つ魅力を放っています。その糸が切れたり、風合いが損なわれたりしないよう大切にするとともに、それがほかの糸などさまざまな要素と織り合わさり、さらに丈夫になったり、思いがけない様相になったりするのを温かく見守りたいものです。

　保育の場には、さまざまな出会いがあり、子どもはさまざまな感情を味わいながら、楽しいこと、おもしろいこと、悔しいことや悲しいことを重ねていきます。友達とのやりとりの中で子どもが思いがけない一面を発揮することもあるでしょう。保育者が手出ししすぎることなく、自分自身の持ち味を生かしながらほかの子どもといっしょに育ち合う姿をしっかりと見つめましょう。魅力的な保育環境を構成しなが

ら、子ども自身がさまざまな糸を手繰り寄せ、自分の手で紡いだり織ったり考えたりする時間と空間を大切にしたいものです。そして、なにより子どもを信じることですね。

　友達や保育者と信頼関係を築き、緩やかな保育の時間を過ごした子どもが卒園していく姿はとても立派です。感動的なその成長の姿は日々の保育の積み重ねの中で、紡ぎ出され織りなされていったのではないでしょうか。

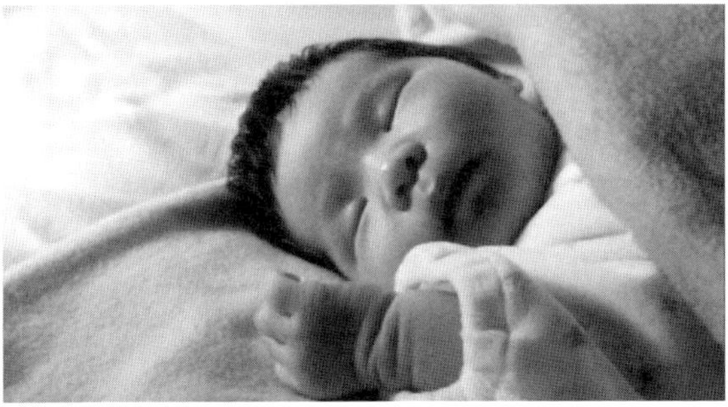

おわりに

　現在、国においては幼保一体化の動きが進行し、保育現場では不安と期待が入り混じった心もちでその「着地点」を見守っているといったところでしょうか。

　忘れてならないのは、保育の主人公は子どもであるということです。子どもみずからが遊び、生活していくその生き生きとした姿を何より大事なものとし、かけがえのないひとりひとりの存在を肯定的に受け止めたい。そして、可能性のかたまりである子どもの魅力や成長の豊かさを伝えたい。それが本書執筆の基本にあります。

　また、日々、育ちゆく子どもの姿に寄り添い、その成長・発達を支えている保育者の役割やその心もちを明らかにすることができたらという思いもありました。目に見えるもの、なかなか見えにくいもの含めて、保育者の行為や子どもへの配慮はたいへん重要です。子どもや保護者と信頼関係を築きながら、保育環境や保育内容を創造していく保育者の心意気と専門性。そうしたものの一端をこの拙い文章の中から感じとっていただければ幸いです。

　これからも、保育現場の方々とともに、保育の奥深さ、子どものおもしろさ、すばらしさを再確認しながら、より魅力的な保育環境を考え、子どもの姿から学んでいきたいと思います。特に、東日本大震災で被災した園や放射能の影響が危

惧される保育現場の方々と、子どもの最善の利益を踏まえ、子どもにとってうれしくて楽しい保育を模索していきたいと願っています。すべての子どもたちが、その後の人生の礎となる乳幼児期を、周囲の人と心を通わせながら幸せに過ごすことができますように。

　本文中の写真は、浜松市の愛恵保育園、さざんか保育園、熊本市のかっぱ保育園のものです。魅力的な保育現場の写真を快く提供くださった松田園長、安藤園長、硯川園長に心より感謝いたします。(被災地等の写真は筆者自身が撮影したものです)
　また、表紙は、旧くからの友人、版画家の大庭明子さんの作品です。鮮やかな色合いと木版の味わいが子どもの魅力と重なるのではないでしょうか。
　最後になりましたが、この本の作成にご協力いただいた保育者の皆さまと、ご担当いただいたひかりのくに編集部の安藤様に心より感謝申し上げます。
　ありがとうございました。

2012年　2月

天野珠路

●著者紹介

天野 珠路（あまの たまじ）

日本女子体育大学幼児発達学専攻准教授

和光大学人文学部人間関係学科卒業、玉川大学文学部教育学科卒業。民間保育園、民間幼稚園、公立保育園で約20年間保育者として勤めた後、横浜市保育課にて保育士の研修、保育指導を担当。その後、國學院大學幼児教育専門学校で保育者の養成に携わる。保育士初の厚生労働省保育指導専門官を経て現職。
主な共著書
『保育の質を高める園評価』（ぎょうせい：2011）
『独自性を活かした保育課程に基づく指導計画 その実践・評価』（ミネルヴァ書房：2010）
『新・保育所保育指針の展開―保育の真髄を伝える―』（明治図書：2009）

●写真提供　愛恵保育園・さざんか保育園・かっぱ保育園

保育が織りなす豊かな世界

2012年2月　初版発行

著　者　天野　珠路
発行者　岡本　健
発行所　ひかりのくに株式会社
〒543-0001　大阪市天王寺区上本町3-2-14　郵便振替 00920-2-118855
〒175-0082　東京都板橋区高島平6-1-1　　郵便振替 00150-0-30666
ホームページアドレス　http://www.hikarinokuni.co.jp
印刷所　図書印刷株式会社

乱丁・落丁はお取り替えいたします。　　　　　　　Printed in Japan
検印省略 ©2012　　　　　　　　　　　　　ISBN978-4-564-60806-3
　　　　　　　　　　　　　　　　　　　　NDC376　112P 18.8×13.2cm

> R　本書の全部または一部を無断で複写複製（コピー）することは、著作権法上での例外を除き、禁じられています。本書からの複写を希望される場合は、日本複写権センター（03-3401-2382）にご連絡ください。